Horst Scheibert · Ulrich Elfrath
Panzer in Russland

Horst Scheibert · Ulrich Elfrath

Panzer in Russland

Die deutschen gepanzerten Verbände im Russland-Feldzug 1941–1944

DÖRFLER·VERLAG

Genehmigte Lizenzausgabe für DÖRFLER VERLAG GmbH,
Eggolsheim

Verantwortlich für den Inhalt ist der Autor.

Im Internet finden Sie unser Verlagsprogramm unter:
www.doerfler-verlag.de

INHALT

Ein Wort zuvor

„Gepanzerte Truppen“, das umfaßte alle Truppen, die unter Panzerschutz kämpften und motorisiert waren. Hierzu zählten in erster Linie die Kampfpanzer und ab 1940 die Panzergrenadiere mit ihren Schützenpanzerwagen (SPW) sowie schließlich alle übrigen Panzerfahrzeuge auf Rädern oder Ketten. Zu letzteren gehörten die Radpanzer der Aufklärungstruppe und die Sturmgeschütze. Später kamen weitere gepanzerte Fahrzeuge der Pioniere, der Artillerie, Heeresflugabwehrtruppe, Nachrichtentruppe u. a. dazu.

Die große Zeit ihrer Bewährung – aber auch Begrenzung – begann erst 1941 mit dem Rußlandfeldzug. So umfaßt auch dieser Bildband nur die Zeit von 1941 bis 1944. An verschiedenen Operationen, Schlachten und Einsatzräumen soll in Wort, Skizzen und vor allem Bildern der Einsatz dieser Truppen gezeigt werden. Da einzelne Großverbände auch an Neben-Kriegsschauplätzen dieses Raumes eingesetzt waren, werden sich jedoch – abgesehen von der Übersicht am Ende – nicht alle Verbände wiederfinden. Ziel dieser Veröffentlichung ist es, den Kampf der gepanzerten Truppen an Großbeispielen zu würdigen, den heutigen Soldaten einen möglichst umfassenden Eindruck hiervon zu geben und Erinnerungen für Teilnehmer zu wecken.

All denen, die uns hierbei halfen, sei gedankt; insbesondere dem Bundesarchiv in Koblenz und den Verlagen Podzun (Dorheim) und Vowinckel (Neckargemünd).

Horst Scheibert Ulrich Elfrath

Das Jahr 1941

Am 22. Juni 1941, einem sonnigen Sommertag – nur einen Monat nach dem Abschluß der Kämpfe auf dem Balkan – begann das Unternehmen „Barbarossa", der Angriff gegen die Sowjetunion. Es sollte das größte Unternehmen des Zweiten Weltkrieges und auch die größte militärische Anstrengung werden, die bis dahin je deutschen Kräften abgefordert worden war. Mit ihnen kämpften im Norden die finnische Armee und im Süden Italiener, Ungarn, Rumänen und Slowaken.

Für diesen Angriff standen rund 150 Divisionen – davon rund 130 deutsche – mit etwas über 3000 Panzern zur Verfügung. An deutschen gepanzerten Truppen gab es 19 Panzerdivisionen, 10 Infanteriedivisionen (mot), 4 SS-Divisionen (mot), das verst. Inf. Rgt. (mot) „GROSSDEUTSCHLAND" und einige selbständige Sturmgeschützverbände zur Verfügung. (Siehe Gliederung der Panzertruppe)

Die Stärke der russischen Kräfte allein im europäischen Raum wurde auf 180 Divisionen geschätzt; an Panzern nahm man 10 000 an. Diese waren jedoch aufgeteilt und damit zersplittert. Auch an Erfahrung und Ausbildung war der Feind nicht gleichwertig. Seine großen Vorteile waren die Größe des Raumes, weitere starke Kräfte im asiatischen Raum und insbesondere im Winter die für die deutschen Truppen ungewohnten Witterungsverhältnisse.

Das Jahr 1941 war jedoch noch eine Zeit, in der mechanisierte Verbände durch Panzerung, Beweglichkeit und Schnelligkeit den Massen der noch zu Fuß marschierenden Divisionen so weit überlegen waren, daß es fast automatisch zu Erfolgen kommen mußte. Der große Raum zeigte aber auch bald die Grenzen dieser Möglichkeit. Ausfälle, Nachschubschwierigkeiten und immer größer werdende Abstände zur folgenden Infanterie ließen weiträumige, motorisierte Operationen nach größeren, wochenlangen Vormärschen zum Stillstand kommen. Traten dann noch ein besonders harter Gegner und Winter dazu, wie 1941/42, erklärt sich fast zwangsläufig die Krise, zu der es bereits am Ende des ersten Jahres kam.

Die Skizze auf Seite 10 gibt einen Überblick über den Vormarsch der vier gepanzerten Gruppen (später Panzerarmeen genannt). Sie gilt auch als Ergänzung zu den kurzen Texten über die Operationen der einzelnen Panzergruppen.

GLIEDERUNG DER PANZERTRUPPE
am 22.6.1941

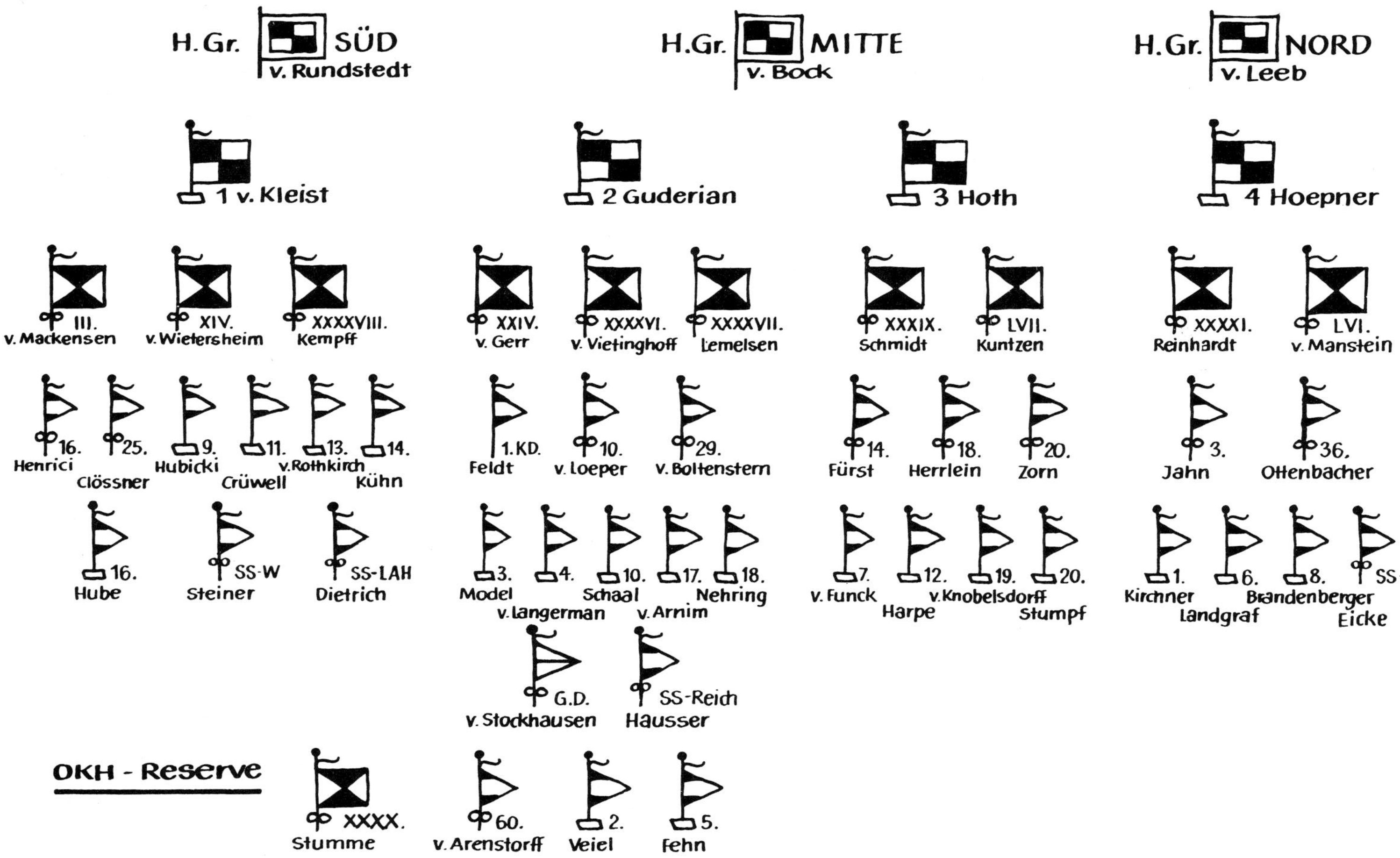

FELDZUG DER PANZERGRUPPEN IN RUSSLAND - 1941

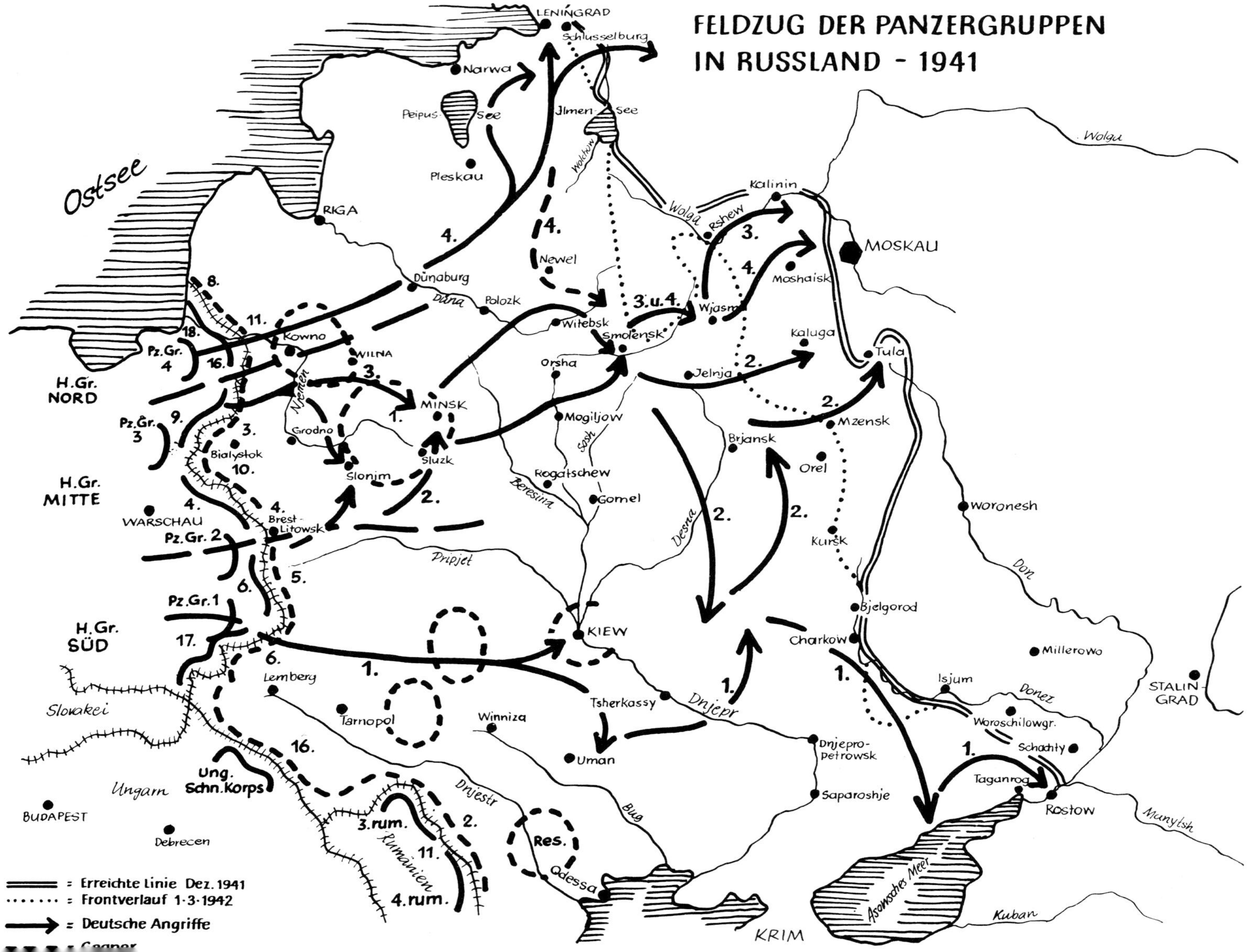

The year 1941

On June 22, 1941, operation "Barbarossa", the attack against the Soviet Union, began. It was to become the greatest operation of World War II which would demand the greatest military effort ever made by German forces. In the north, the Finnish Army fought along with the Germans. In the south, the Italians, the Hungarians, the Rumanians and the Slovaks also joined forces with the Germans. For this assault, the German forces had 150 divisions (130 German) with little more than 3000 panzers at their disposal. There were 19 panzer divisions, 10 motorized infantry divisions, 4 motorized SS divisions, the motorized infantry regiment "GROSSDEUTSCHLAND" and some independant assault gun units.

The Russian forces in the European area were estimated at 180 divisions with 10,000 tanks, which were devided and dispersed. The enemy's experience and training were inferior to that of the Germans. However, his great advantage was the vastness of his country in addition to strong forces in the Asian area and the harsh winter with its unusual weather conditions. In the year 1941, motorized units with their armor protection, mobility and swiftness were successful against the concentrated infantry divisions. This almost automatically led to German victories. However, very soon the vastness of the country limited these opportunities as well as causing breakdowns and supply problems. The increasing distance between the forward elements and the following infantry prevented success of an extensive operation. A fierce enemy and bad winter weather may therefore explain the crisis at the end of 1941.

The sketch an on page 10 shows the line of advance of the four armored groups (later called Panzer Armies).

Die Operationen der Panzergruppe 1 im Süden

Die Heeresgruppe Süd, der die Panzergruppe 1 (ab Oktober 1941 1. Panzerarmee benannt) unterstand, hatte die Aufgabe, den Feind zwischen Karpaten und Pripjetsümpfen zu schlagen und als erstes Angriffsziel die Dnjepr-Übergänge bei und südlich Kiew zu nehmen.

Anfänglich blieben jedoch die schnellen Verbände der Panzergruppe 1 tagelang in taktischem Einsatz gebunden. Erst am 30. 6., als Lemberg gefallen war, kam der Angriff in breiter Front in Fluß. Am 7. 7. fiel Berditschew, am 9. 7. Schitomir; wenig später gewann die 13. Pz. Div. den Stadtrand von Kiew. Durch einen neuen Ansatz um Uman verlor die Gruppe jedoch soviel Zeit, daß die Dnjepr-Übergänge vor Anfang September nicht gewonnen werden konnten. Zu diesem Zeitpunkt erhielt sie den Befehl, in Zusammenwirken mit der Panzergruppe 2 (von Norden kommend) um Kiew eine große Zangenbewegung durchzuführen. Der Angriff ostwärts des Dnjepr nach Norden ging schnell voran; schließlich fiel am 18. 9. Kiew, wurde am 26. 9. der Kessel gebildet und fielen über 600 000 Russen in Gefangenschaft. Danach stieß die unbenannte 1. Panzerarmee – nunmehr durch das italienische Expeditionskorps (3 Divisionen), eine rumänische Armee und eine slowakische schnelle Division verstärkt – ostwärts des Dnjepr in die Nogaische Steppe nördlich der Krim vor. Von hier aus trat sie am 12. 10. erneut an. Ihr Hauptstoß mit den gepanzerten und motorisierten Kräften führte entlang der Nordküste des Asowschen Meeres über Mariupol, Taganrog auf Rostow mit dem Ziel, dort durch Handstreich die Donbrücken zu gewinnen. Alle anderen Kräfte der Armee deckten hierbei die immer tiefer werdende Nordflanke ab. Rostow wurde nach mehrfachen Anstrengungen durch die immer schwächer werdenden Kräfte der Panzerarmee am 20. 11. genommen; doch bereits zwei Tage später mußte sich die Armee auf die Mius-Stellung (60 km westlich von Rostow) zurückziehen. Dort blieb sie unter zahlreichen Abwehrkämpfen bis zum Sommer 1942 liegen.

The Operations of Panzer Group 1 in the South

The Army Group South, along with its Panzer Group 1, was assigned the missions of defeating the enemy in an area between the Carpate mountains and the Pripjet marshes and seizing the Dniepr passes around Kiew.

After minor difficulties and after the city of Lemberg was occupied, the rapidly advancing units of Panzer Group 1 succeeded in seizing Berditschew (7 July) and Schitomir (9 July). A little later, the 13th Panzer Division occupied the outskirts of Kiew. The Dniepr passes, however, could not be seized until the beginning of September. Now, Panzer Group 1, along with Panzer Group 2, (coming from the north) were ordered to execute a large pincer movement around Kiew. The assault developed well: On 18 September, Kiew was occupied, on 26 September, the large encirclement was formed. More than 600,000 Russian soldiers were captured. The 1st Panzer Army (before: Panzer Group 1) now reinforced by the Italian Expedition Corps, one Rumanian army and one mechanized Slovakian division, advanced east of the Dniepr into the Nogaic Steppe situated north of the Crimea. On 12 October, the 1st Panzer Army launched a new thrust along the northern coast of the Asow Sea to Mariupol, Taganrog and Rostow attempting to take the Don bridges by surprise.

On 20 November, Rostow was seized by the weakened forces of the panzer army. Two days later, however, they were forced to retreat to the Mius positions (60 km west of Rostow). There, the army remained until the summer of 1942, fighting numerous defensive battles.

Nach heftiger Feuervorbereitung überschreitet die Panzergruppe 1 im Verein mit der 6. und 17. Armee am 22. 6. 1941 die Grenze Galiziens auf der Linie Prezemysl/Jareslaw (oben) und Lublin. Planmäßig gelingt es, erste Brückenköpfe über den Bug und den San zu bilden.

On 22 June 1941, after preparatory bombardment, Panzer Group 1 along with the 6th and the 17th Army cross the Galician border on a line between Prezemysl/Jareslaw (above) and Lublin. Bridgeheads over the Bug and San must be built.

Im Gegensatz zu den anderen Heeresgruppen kommt der Angriff im Süden nicht richtig zur Entfaltung. Die russische Führung erwartete hier den Schwerpunkt der deutschen Offensive und hatte dort folglich ihre meisten gepanzerten Verbände konzentriert. Rundstedt steht für seine weiträumigen Operationen nur eine Panzergruppe zur Verfügung. Diese Verbände sind zu schwach, um geteilt zu werden. Sie müssen daher „einarmig" operieren (oben: Teile der Panzergruppe 1).

Contrary to the effective thrusts of the other Army Groups, the attack in the south does not develop according to schedule. The Soviets had expected the German forces to attack in the south and had therefore concentrated most of their armored units in this area. For his extensive operation, General Rundstedt has only one Panzer Group at his disposal. The units of this group are too weak to be divided and have to operate as one force. (Above: Elements of Panzer Group 1).

Die Vorhuten der mot. Divisionen werden von der Bevölkerung als Befreier begrüßt (links), eine politische Situation, die später leider nicht ausgenutzt wird.

The inhabitants salute the advanced guards of the mobile German divisions as their liberators (right). Unfortunately, this unique political situation is not utilized by the German Command.

Schon am 23. und 24. Juni reagiert der Russe mit heftigen Gegenangriffen. Im Zuge der Kampfhandlungen setzt er hierbei auch schwere Panzer der KW-Typen ein, die gegenüber der Wirkung der vorhandenen deutschen Panzer- und Panzerabwehrkanonen unverwundbar sind. Im Bild unten ist deutlich die schwache Wirkung von 3,7 cm Panzergranaten als Abpraller an der Turmseiten- und Rückwand erkennbar.

Die fraglos größte Überraschung für die deutschen Panzer bedeutet das Auftauchen des T-34, der von nun an der erbittertste Gegner der deutschen Panzerwaffe werden soll (nächste Seite, oben). Viele historische Untersuchungen sind in ihrer Aussage bezüglich des ersten Auftauchens des T-34 widersprüchlich. Einige Fachleute behaupten, daß er erstmals im Monat September im Gebiet der Heeresgruppe Mitte eingesetzt wurde. Wenn aber die Information zutrifft, daß dieser Panzer bereits während des Finnisch-Russischen Krieges (1939–1940) gesehen wurde, dann dürfte diese Feststellung, selbst wenn sich das Gerät damals noch in der Erprobung befand, eine Bestätigung dafür sein, daß er auch schon zu Beginn des Krieges im Raum der Heeresgruppe Süd erstmals in größerer Stückzahl operierte.

Die deutschen Verluste sind relativ hoch. Allein die 14. Panzer-Division registriert schon nach 10 Tagen des Feldzuges 600 Gefallene, Verwundete und Vermißte, außerdem hohe Materialverluste.
So sieht es aus, wenn ein Panzer der Wirkung von Panzerabwehrwaffen ausgesetzt war (unten und nächste Seite).

On June 23 and 24, the Russians retaliate with massed counterattacks, employing the heavy KW tanks in addition to their other weapons. These tanks are almost invulnerable against the effect of the German tank and antitank guns. The ineffectiveness of the 37 mm shells on the rear and side of the turret (shown on the other page, below) is clearly shown.

The appearance of the T-34 (above), however, is undoubtedly the greatest surprise to be encountered by the German panzer crews. This tank will become the most violent enemy of the German armored forces.

Numerous historical investigations have tried to determine the date the Russian T-34 tank first appeared. Some of them assert that its first engagement was in September 1941, in the area of Army Group Center. Other investigations, based upon information that it took part in the Finnish-Russian War (1939–1940), state that it was tested during that war and was utilized at the beginning of World War II. It is therefore believed that the T-34 had already operated during that time, in large numbers, in the area of Army Group South.

The German losses are relatively high. The 14th Panzer Division alone has 600 dead, wounded or missing after the first ten days of the campaign. Losses on war materiel are also high.

Shown is the full effect of German antitank guns on a Russian tank.

Kämpfend erreicht die Panzergruppe Kleist Anfang Juli die „Stalinlinie". Diese Befestigungslinie folgt in etwa der alten Grenzlinie von 1939 zwischen Polen und Sowjetunion. Die Bunkerlinie ist geschickt der Umgebung angepaßt und in der Tiefe teilweise durch zahlreiche Paknester durchsetzt (rechts) und erschwert so den Angriff von Panzern.

At the beginning of July, the Kleist Panzer Group has fought its way to the "Stalin Line". This fortification line runs along the old 1939 border between Poland and the Soviet Union. The bunker line is skillfully camouflaged and partially fortified with antitank emplacements (right) which delay the advance of the German panzers.

Im Bereich der Heeresgruppe Süd besitzt diese Verteidigungslinie den höchsten Verteidigungswert, auch wenn ihr Ausbau noch nicht abgeschlossen ist (oben). Das Bild unten zeigt einen heftig verteidigten Erdbunker, wie man an den vielen leergeschossenen Hülsen erkennen kann.

In the area of Army Group South, this defensive line is of the greatest value to the Russians, although it is not completely finished (above). The picture below shows a ground bunker with empty shell cases after a heavy defensive battle.

Der erste deutsche Angriff auf die Stalinlinie am 6. 7. 1941 mißlingt. Russische Artillerie legt Abwehrfeuer auf das Vorfeld der Stalinlinie (oben). Die 16. I.D. mot. und die 16. Panzer-Division müssen schwere feindliche Gegenangriffe abwehren.

On 6 July 1941, the first German attack on the "Stalin Line" fails. The 16th motorized Infantry Division and the 16th Panzer Division sustain heavy fire from the Russian artillery in the forward area of the "Stalin Line".

Unter dem ständigen Einsatz von Stukas der Luftflotte 4 gelingt es schließlich, den Angriff voranzutragen. Im Sturzflug werden die Panzer einzeln angegriffen. Bei einem direkten Treffer der schweren 500-kg-Bomben wird meistens die Panzermunition entzündet. Diese konzentrierte Explosionswirkung zerlegt selbst 52-Tonner in ihre stählernen Einzelteile, die Hunderte von Metern durch die Luft wirbeln (oben und rechts).

Continued action of the Stuka dive-bombers of Air Fleet 4 succeeds in pushing ahead the German advance. The enemy tanks are assaulted by dive bombing attacks. When a direct hit occurs, the tank ammunition incinerates causing a concentrated explosion which makes a fifty-two ton tank burst into fragments of steel. These pieces are hurled through the air for hundreds of yards (above and right).

Allmählich läßt der gegnerische Druck nach. Innerhalb der nächsten Tage brechen die schnellen deutschen Divisionen durch die Stalinlinie und überqueren den Slutsch. Der Durchbruch wird weiterhin von der Luftwaffe begleitet. Um von eigenen Kampfflugzeugen nicht als Feindpanzer angesehen zu werden und um eigenen Aufklärern die vordere Linie oder Angriffsspitze zu zeigen, führen die Panzer Fliegersichttücher mit (umseitig).

Within a few days, the enemy resistance weakens and the mobile German divisions penetrate the "Stalin Line" and cross the Slutsch River. The German Luftwaffe joins the advance. The panzers must carry marking panels for better identification and to show the course of advance to their accompanying reconnaissance planes (on the other page).

In breiter Front erreichen die Panzer-Divisionen bis zum 9. Juli die Linie Berditschew – Shitomir (links). Dieser wichtige Eisenbahnknotenpunkt wird von der 13. Panzer-Division eingenommen.

By July 9, the panzer divisions reach the line Berditschew – Shitomir (left). This important railroad junction is seized by the 13th Panzer Division.

Mit der Gewinnung des freien Raumes haben die Divisionen der Panzergruppe endlich die notwendige Bewegungsfreiheit (unten). Das „K" auf den Panzern weist darauf hin, daß es sich hier um Kampffahrzeuge der Panzergruppe 1 (v. Kleist) handelt.

As they move into open terrain, the divisions have finally achieved the necessary mobility (below). The "K" on the fighting vehicles shows that they belong to Panzer Group 1 (v. Kleist).

III 14

In Anlehnung an die ausgedehnten Pripjet-Sümpfe stoßen die deutschen Panzer ohne nördliche Flankendeckung in einem nach Süden gerichteten Bogen westlich an Kiew vorbei. Der Russe nutzt die Situation sofort aus: Er greift mit starken Kräften aus den dichten Wäldern des Pripjet-Gebietes an, unterbricht die Nachschubstraßen und schneidet die Panzer-Divisionen an mehreren Stellen von ihren rückwärtigen Diensten ab. Selbst dort, wo die Straßen von den Deutschen kontrolliert werden, stehen sie teilweise unter Feindeinsicht (oben). Sabotagetrupps versuchen die Brücken und Straßen zu sprengen. Diesen ersten Anzeichen von Partisanentätigkeit wird noch keine besondere Bedeutung beigemessen. Aber schon ein Jahr später sind über 100 000 Männer, Frauen und Kinder als Partisanen unter militärischer Führung straff organisiert.

The German panzers advance without protection of their northern flank. Their movement along the wide Pripjet Marshes forms a southerly bow bypassing Kiew on the west. The Russians respond with attacks from the forests of the marsh area, cutting off German supply routes and interrupting the lines of communication with their rear elements at several points. Roads that are controlled by the Germans are under enemy observation (above). Sabotage groups try to blow up bridges and roads. These first signs of guerilla activity do not receive serious consideration by the Germans. One year later, more than 100,000 men, women and – children will be well organized as partisans under military leadership.

Massive deutsche Gegenstöße unter Beteiligung der SS-Division Leibstandarte Adolf Hitler können vorerst die Bedrohung aus den dichten Wäldern beseitigen (rechts).

Massive German thrusts in which the SS-Division "Leibstandarte Adolf Hitler" participates, are able to eliminate the threat from the deep forests.

In der Zwischenzeit sind die Hauptkräfte der Panzergruppe Kleist aus ihrer Marschrichtung entlang des Dnjepr nach Westen in die Weite der ukrainischen Landschaft (oben) eingedreht und leiten mit verkehrter Front im Raum Uman die erste Kesselschlacht bei der Heeresgruppe Süd ein. Die Operation wird einarmig durchgeführt, d. h. die motorisierten Divisionen drücken den Gegner auf die Stellungen der Infanteriedivisionen der 17. und 11. Armee. Am 2. August reichen sich die Spitzen der Panzergruppe und der 17. Armee die Hand, der Kessel ist geschlossen.

In the meantime, the main elements of the Kleist Panzer Group who had advanced along the Dniepr River, now swing to the west into the wide Ucrainian country (above). In the area of Uman, they turn the front line there in beginning the first battle of encirclement by Army Group South. The operation is performed with only one pincer movement, as the mechanized divisions close on the positions of the infantry divisions of the 17th and 11th Army. On 2 August, the points of the Panzer Group and the 17th Army meet“ the pocket is closed.

Während der Ausbruchsschlacht, die bis zum 7. August andauert, werden zahlreiche Transport- und Panzerkolonnen zusammengeschossen (oben und linke Seite). Nach Abschluß der Kämpfe meldet der Wehrmachtsbericht 103 000 Gefangene und 317 erbeutete Panzer und 858 Geschütze.

In a battle that lasts until August 7, the Russians try to break out of the pocket. Numerous transport and tank columns are destroyed during the fighting (above and left page). At the end of the battle, the German Army reports 103,000 prisoners, 317 captured tanks and 858 guns.

Nach den Kämpfen um Uman kann die Panzergruppe ohne Rückenbedrohung zu weiträumigen Operationen übergehen. Der Panzervorstoß zielt in südöstlicher Richtung und soll die noch verbliebenen gegnerischen Kräfte im Dnjepr-Bogen vernichten. In zahlreichen Gegenangriffen versuchen sowjetische Panzereinheiten, die teilweise noch über den Fluß geführt werden, die Absichten der deutschen Führung zu vereiteln. Die ausgeglühten Panzerwracks in der Weite des ukrainischen Raumes zeugen von heftigen Panzergefechten (unten).

After the successful fighting around Uman, the Panzer Group can begin extensive operations without fearing an assault from the rear. The panzer thrust moves in a southeast direction attempting to destroy the remaining enemy forces in the Dniepr bow. Many Russian counterattacks across the Dniepr River try to prevent this German plan. Destroyed tanks (below) bear witness of the fierce battle.

Trotz der Störangriffe rollen die schnellen Divisionen ihren Zielen unaufhaltsam entgegen. Die 14. Panzer-Division legt in sechs Wochen mehr als 1 000 Kilometer zurück und hat dabei zehn verlustreiche Gefechtsbegegnungen zu bestehen, bevor am 25. 8. 1941 in Dnjepropetrowsk ein Brückenkopf über den unteren Dnjepr erkämpft wird.

Bis Ende August kann die Panzergruppe bei Krementschug und Saporoshje noch zwei weitere Brückenköpfe erkämpfen und ausbauen. Damit wird für die Fortführung der Offensive eine günstige Ausgangsbasis geschaffen.

Da die Dnjepr-Brücken in den meisten Fällen von den zurückgehenden Russen gesprengt worden sind (rechts), müssen sie durch Kriegs- oder Behelfsbrücken ersetzt werden.

In spite of this action, the German divisions continue to advance as planned. Within six weeks, the 14th Panzer Division covered more than 1000 kilometers while sustaining heavy losses in ten engagements. On 25 August 1941, the Germans are able to seize a bridgehead in Dniepropetrowsk over the lower Dniepr River.

By the end of August, two other bridgeheads are built near Krementschug and Saporoshje, establishing an ideal base for the continuation of the offensive.

Most of the Dniepr bridges have been blown up by the retreating Russians (right) and have to be replaced.

Die Angriffsrichtungen der Kriege sind seit jeher auf natürliche oder technische Übergänge schwer passierbaren Geländes gerichtet. Für Panzerarmeen bedeutet das Gewinnen einer Brücke die Ausnutzung ihrer Beweglichkeit. Die Operationen der deutschen Panzerführer müssen sich während des Rußlandfeldzuges laufend den Erfordernissen der russischen Geographie mit ihren breiten, ungebändigten Wasserläufen anpassen. In Kenntnis der Lage versucht der Russe, die Bildung von Brückenköpfen zu verhindern. Aber immer wieder gelingt deutschen Truppen das Gewinnen von Brücken und Brückenköpfen.

Um den Panzer-Divisionen mehr Unabhängigkeit zu geben, sind ihnen speziell ausgebildete Panzer-Pionier-Bataillone unterstellt.

The direction of advance in all wars is always aimed at a natural or artificial pass of a difficult terrain. For panzer armies, the seizure of a bridge means additional use of mobility. During the Russian campaign, the operations of the German panzer leaders must continuously be adapted to the requirements of the Russian geography with its giant uncultivated rivers. Well aware of this situation, the Russians try to prevent the building of bridgeheads. Time and again, however, German troops succeed in seizing bridges and establishing bridgeheads.

To provide increased effectiveness, specially trained armored engineer battalions are assigned to the panzer divisions.

Während der Grenzgefechte werden viele Brücken über den Bug, den San und den Dnjestr handstreichartig genommen. Sofort übernehmen Flakeinheiten ihren Schutz (Vorseite, oben).

Wo es dem Gegner gelingt, rechtzeitig die Brücken zu sprengen oder wo Flußübergänge fehlen, werden nach anfänglichem Fährbetrieb möglichst Pontonbrücken errichtet, die selbst mittelschwere Panzer tragen können. Deutsche Pioniere und Panzerpioniere bauen während des Zweiten Weltkrieges oft und unter heftiger Feind- und Wettereinwirkung Pontonbrücken. Später übernehmen dann Behelfs- oder Kriegsbrücken die Funktion von Pontonbrücken (Vorseite, unten).

Many bridges across the Bug, the San and the Dniestr Rivers are seized in surprise raids. Immediately, antiaircraft units are employed for their defense last page, above).

When bridges are blown up by the enemy the Germans temporarily use ferry service while pontoon bridges are being erected. These bridges are able to carry tanks of medium weight. They are often built under heavy enemy fire, and are later replaced by auxiliary bridges (last page, below).

Aus dem Brückenkopf Krementschug stößt die Panzergruppe am 10. September für den Feind überraschend nach Norden. Die 14. Panzer-Division übernimmt die Flankensicherung nach Osten, während die 16. Panzer-Division über schnurgerade Straßen vorstoßend am 14. September den Kessel bei Lochwiza schließt.

Sieben russische Armeen befinden sich in diesem Kessel, dem Kiew seinen Namen gibt und der zum Schauplatz der größten Kesselschlacht der Kriegsgeschichte werden soll. Am 19. September weht die deutsche Reichskriegsflagge von der Zitadelle von Kiew (links). (Siehe dazu auch das Kapitel Heeresgruppe Mitte!).

On 10 September starting from the bridgehead near Krementschug, Panzer Group 1 advances to the north, surprising the enemy. The 14th Panzer Division secures the flanks in the east. On 14 September the 16th Panzer Division advances over straight roads to close the encirclement near Lochwiza.

Seven Russian armies are surrounded in this pocket, which is named Kiew after the nearby city. The greatest battle of encirclement in the history of war is about to take place. On 19 September, the German war flag waves from the citadel of Kiew (left). (Also read the chapter Army Group Center!).

Als die Schlacht zu Ende ist, zählen die Deutschen über 600 000 Tote und Gefangene und erbeuten 3 718 Geschütze sowie 884 Panzer.

Im Vergleich dazu betrugen die Verluste der USA während des ganzen Zweiten Weltkrieges an Toten und Gefangenen wenig mehr als die Hälfte.

When the battle has ended, the Germans count more than 600,000 dead or prisoners; they also captured 3,718 guns as well as 884 tanks.

In comparison to this, the American losses of dead or prisoners during all of World War II amounted to only a little more than half of the above number.

Zu dem Beutegut gehört auch der Typ eines neuartigen Raketenwerfers (Stalinorgel). Hier das Modell M 13 mit einem Raketenkaliber von 14 cm und einer Schußweite von 6 000 m. Das deutsche Gegenstück dazu (ab 1942 an der Front) war der Werfer 41 mit 10 Abschußrohren, der nach seinem Erfinder Professor Nebel auch Nebelwerfer genannt wurde. Die Reichweite war mit 3 000 m geringer als die des Gegners, dafür aber hatte das deutsche Gerät eine höhere Feuerfolge und bessere Beweglichkeit (unten auf Maultier, ab 1943). Diese neuen Waffen realisierten ein neues taktisches Konzept – hohe Feuerdichte in kurzer Zeit – und waren deshalb so gefürchtet.

Among the captured weapons is a new type of rocket launcher ("Stalin Organ"). Shown is the M 13 model with a 140 mm rocket (with a range of 6000 meters).
The German counterpart was the Launcher 41 (utilized since 1942) with ten launching tubes. It was also known as the "Fog Launcher" after its inventor Professor Nebel (Nebel = fog!). Its firing range was 3000 meters. It was smaller than the Russian model, however, the German weapon had a higher rate of fire and better mobility (below on Maultier, since 1943). These new weapons realized a new tactical concept – high density of fire in a short period of time – thereby causing respect and fear among the enemy.

Nicht nur der Einsatz der modernen Waffen des russischen Heeres, sondern auch zahlreiche Angriffe aus der Luft sind eine ständige Bedrohung für die Panzerdivisionen der Heeresgruppe Süd. Dabei muß das Bild von der Roten Luftwaffe revidiert werden, denn sie wird nicht etwa von alten Doppeldeckern repräsentiert, sondern von modernen Kampfmaschinen. Mitte: ein brennendes und notgelandetes leichtes Kampfflugzeug vom Typ AR-2, das auch zur Aufklärung verwendet wird.

Die deutsche Luftwaffe ist zahlenmäßig unterlegen und kann aus diesem Grunde nur zur Erringung örtlicher Luftüberlegenheit eingesetzt werden. Um die weit vorauseilenden schnellen Divisionen dennoch nicht wehrlos den Angriffen aus der Luft auszusetzen, geht man dazu über, sie mit selbständigen Flakabteilungen auszurüsten. Als beste und meist gefürchtete Tieffliegerabwehr bewährt sich hierbei die 20-mm-Vierlings-Flak 38 mit einer theoretischen Feuergeschwindigkeit von 200 Schuß pro Minute und Rohr.

In addition to the modern weapons of the Russian Army, the numerous air raids are a constant threat to the panzer divisions of Army Group South. At this time, the Red Air Force is also equipped with modern fighting aircraft.
Center: A burning light combat plane, Type AR-2, after an emergency landing. It is also used for reconnaissance flights.
The German Luftwaffe is outnumbered by the Russian Air Force. It can only be employed when local air superiority is urgently repuired. Rapidly advancing German divisions are equipped with independant antiaircraft units for protection against enemy air raids. A very efficient antiaircraft weapon against strafing attacks is the 20 mm four-barrelled AA gun 38. It has a theoretical rate of fire of 200 rounds per minute per barrel.

Für Anfang Oktober hat Adolf Hitler die Fortsetzung der Offensive befohlen. Die kurze Zeitspanne nach Abschluß der Kämpfe um Kiew wird für Instandsetzungsarbeiten genutzt.

Unter ihrer dicken Haut sind Panzer und gepanzerte Kettenfahrzeuge empfindliche technische Konstruktionen. Das komplizierte Fahrwerk, die hoch beanspruchten Getriebe, eine Vielzahl von Antrieben, optische Geräte, die Waffen und ihre Laffettierungen benötigten einen hohen Wartungsaufwand. Hier wird eine 4,7-cm-Pak-Selbstfahrlafette auf Tieflader zu einer Instandsetzungseinheit transportiert.

Hitler has ordered to continue the offensive in the beginning of October. The short period after the fighting around Kiew is utilized for repair and maintenance work.

Beneath their thick steel armor, panzers and armored vehicles are technically complicated, and to a certain degree, weakly constructed. The complicated chassis, the greatly stressed transmissions, numerous engine problems the optical equipment, and the weapons and their mountings require special maintenance. Shown is a 47 mm antitank gun which is being transported to a maintenance unit.

Ein anderes Problem ist der ständige, hohe Benzindurst der Panzerfahrzeuge, der meistens aus Einheitskanistern gestillt wird. Der Panzer IV, beispielsweise, hat einen Tankinhalt von 470 Litern, der aber schon nach ca. 150 km Geländefahrt verbraucht ist.

Another problems is the high consumption of gas by the armored vehicles. The panzers are loaded up with extra gas cans as shown below. The Panzer IV for instance, has a tank capacity of 470 liters. The tank is empty after 150 km of driving in cross country terrain.

Der Instandsetzungszwang und der hohe Bedarf an Nachschubgütern erfordert reibungslos arbeitende Etappendienste, die sich durch eine verwirrende Anzahl von Hinweisschildern (links) erkenntlich machen.

Panzereinheiten, die Sicherungsaufgaben durchführen, werden direkt auf ihrem vorgeschobenen Posten aufgetankt und aufmunitioniert, wie das untere Foto – ein ähnlicher Vorgang, allerdings zu einem späteren Zeitpunkt – demonstriert.

The necessity for maintenance and the high rate on repair parts needed requires a well-working communication zone. The left picture shows directional signs of the COMZ.

Panzer units assigned cover missions, are resupplied with gas and ammunition at their advanced posts. The picture below shows a similiar operation at a later time.

Planmäßig wird die Offensive aus dem Raum um Kriwoi-Rog (oben) mit den Brückenköpfen von Saporoschje und Dnepropetrowsk fortgesetzt. Mit neuem Schwung treibt die Panzergruppe 1, jetzt Panzerarmee genannt, durch je ein italienisches und ein ungarisches Korps verstärkt, den Angriff voran.

According to the plans, the offensive is to continue in the area around Kriwoi-Rog (above) with the bridgeheads Saporoshje and Dniepropetrowsk. Panzer Group 1, now named Panzer Army 1, reinforced by one Italian and one Hungarian Corp, pushes the advance forward.

Unten: Und wieder vorwärts durch die endlose Weite der ukrainischen Steppe ...

Below. Again, they move through the endless plains of the Ucrainian Steppe ...

... vorwärts über die staubigen Rollbahnen der nogaischen Steppe ...

... straight ahead over the dusty tracks of the Nogaic Steppe ...

... durch die zerstörten Industriestädte (unten) und Landgebiete des Donezbeckens (nächste Seite).

... Through the destroyed industrial cities (below) and the rural areas of the Donez basin (next page).

Hinter den Panzerdivisionen liegen wieder Panzer- und Kesselschlachten, Abwehrkämpfe und Nachschubschwierigkeiten, Schlammwetter und Frostperioden, als Mitte November Rostow, fast schon an der Grenze Asiens, erreicht wird. Nach narten Kämpfen wird es am 21. November 1941 eingenommen. Aber die deutschen Panzerkräfte sind personell und materiell am Ende und müssen sich Ende November angesichts eines starken sowjetischen Gegenangriffs auf den Mius zurückziehen. Die düstere Kulisse der Industriestadt Stalino (unten) wird die Basis der Panzerarmee 1 während der Abwehrschlachten im Winter 1941/42.

For the panzer divisions, the past weeks have been filled with panzer engagements, battles of encirclement, defensive fighting, supply problems, muddy terrain and cold periods. Now, in the middle of November, they reach Rostow close to the Asian border. The city is seized on 21 November 1941, after hard fighting. The German panzer forces, however, are exhausted. They lack personnel and war material. At the end of November, as the Russians launch a massive counterattack, they have to retreat to the Mius River. The misty outline of the industrial city Stalino (below) will become the scene of the defensive battles in the winter 1941/42, when the city is made the base of Panzer Army 1.

Die Operationen der Panzergruppen 2 und 3 in der Mitte

Der Auftrag der Heeresgruppe Mitte, zu der die beiden Panzergruppen 2 und 3 gehörten, sah vor, starke Kräfte von ihren Flügeln aus vorzutreiben, die feindlichen Kräfte in Weißrußland zu schlagen und möglichst frühzeitig den Raum um Smolensk zu gewinnen. Der Ansatz von zwei Panzergruppen erlaubte ihr hierbei stets doppelseitige Umfassungen. Beide Gruppen operierten daher so, daß es zu mehreren erfolgreichen Kesselschlachten bis Smolensk kam.

Bereits am 27. 6. wurde Minsk erreicht, Smolensk fiel am 15. 7. Das Ausräumen der Kessel dauerte bis in den August hinein. In diesem Monat fiel der folgenschwere Entschluß Hitlers, daß das wichtigste noch vor dem Winter zu erreichende Ziel nicht die Einnahme von Moskau, sondern die Besetzung der Krim, des Donezgebietes und die Vereinigung mit den Finnen bei Leningrad sei. Hierdurch kam es zur Zersplitterung der Panzergruppen, so zum Einschwenken der Panzergruppe 2 nach Süden zur Kesselschlacht um Kiew und der vorübergehenden Abgabe der Panzergruppe 3 an die Heeresgruppe Nord.

Erst im Oktober wurde der Angriff – nunmehr mit drei, inzwischen jedoch geschwächten Panzergruppen (2., 3. und 4. Panzerarmee genannt) – in Richtung Moskau wieder aufgenommen. Gegen den darauf vorbereiteten Gegner und sich bereits auswirkenden Winter konnten zwar Anfangserfolge erzielt, das große Ziel Moskau aber nicht gewonnen werden. Alle drei Panzerarmeen blieben schließlich vor Moskau liegen und wurden in schwere Abwehrkämpfe gegen die erstmals offensiv werdende Rote Armee verwickelt.

The Operations of the Panzer Groups 2 and 3 in the Center

The missions assigned to Army Group Center (with the Panzer Groups 2 and 3) included a rapid advance on the flanks, the defeat of the enemy forces in White Russia and the quick occupation of the area around Smolensk. The employment of two panzer groups led to several successful battles of encirclement. On 27 June, the Germans reached Minsk; on 15 July, they seized Smolensk. In July, Hitler made a decision which led to great consequences: The most important goal before the winter ist not Moscow but the occupation of the Crimea, the Donez area and the union with the Fins near Leningrad. This resulted in dispersing Panzer Groups 2 and 3, the temporary transferring of Panzer Group 3 to Army Group North, and the battle of encirclement around Kiew.

It was not until October, that the attack on Moscow was resumed. Although, at first, the Germans were able to achieve successes against a prepared enemy and under early winter conditions, they could not seize Moscow. Finally, the panzer armies had to remain outside of Moscow engaged in fierce fighting under bad weather conditions.

Mit Angriffsbeginn haben Kampfflugzeuge der 2. Luftflotte russische Feldflugplätze angegriffen. Jetzt überfliegen sie nach erfolgreichem Überraschungsangriff die schnellen Divisionen der Heeresgruppe Mitte (oben).

Sturzkampfflugzeuge Ju 87 greifen in zweiter Welle sowjetische Verteidigungsstellungen an (unten).

Flying over the invading German troops of Army Group Center, fighter planes of the 2nd Air Fleet return after their succesfull raid on Russian airfields (above).

Ju 87 Stukas (dive-bombers) attack Soviet defensive positions.

Der Gegner wird überrascht: Auf dem rechten (Panzergruppe 2) und dem linken Flügel (Panzergruppe 3) der Heeresgruppe entwickelt sich die Offensive unerwartet schnell. Im Befehlsbereich von Guderian kommen erstmalig Tauchpanzer zum Einsatz, die den Bug durchtauchen und einen Brückenkopf bilden.

The Russians are taken completely surprise, allowing the German offensive to move ahead rapidly on both wings. In the area of Guderian, the Germans use amphibian tanks for the first time.

Über Wilna und Slonim weit ausholend gelingt es den beiden Panzergruppen, in Kesseln bei Bialystok (oben) und Minsk eine halbe Million russischer Soldaten einzuschließen. – Am 27. Juni erreichen die 20. Panzer-Division von Norden und die 17. Panzer-Division von Süden Minsk (unten). Mit der Einnahme der weißrussischen Hauptstadt am 28. Juni wird der erste große Kessel des Rußlandfeldzuges gebildet.

The two German Panzer Groups 2 und 3 succesfully encircle half a million Russian soldiers in pockets near Bialystok and Minsk. On 27 June, the 20th and the 17th Panzer Division reach Minsk from the north and south respectively. The occupation of the Whiterussian capital, Minsk, on 28 June leads to the establishment of the first large envelopement of the Russian campaign.

Verzweifelte Ausbruchsversuche zerreiben sich an den Pakstellungen der 29. motorisierten Infanteriedivision.

Desperate attempts to break through the encircling German forces end at the anti-tank positions of the 29th Motorized Infantry Division.

Das OKW meldet: 290 000 Gefangene und mehr als 2 500 erbeutete oder zerstörte gegnerische Panzer; das sind mehr Panzer, als der 2. und 3. Panzergruppe insgesamt zur Verfügung stehen.

The OKW (High Command of the German Army) reports: "290 000 prisoners and more than 2 500 captured or destroyed enemy tanks" which are more than the total number of tanks belonging to the 2nd and 3rd Panzer Group.

Welche Panzertypen standen der deutschen Führung zur Verfügung?

Panzer II; obwohl bereits veraltet, wurde das Fahrzeug noch zu Beginn des Rußlandfeldzuges – hauptsächlich als Aufklärungsfahrzeug – verwendet. Später diente das Fahrgestell zur Aufnahme verschiedener Waffensysteme. Gewicht 10 t, Länge 4,75 m, Breite 2,3 m. Motorleistung 140 PS, Geschwindigkeit 40 km/h, Panzerung 13–15 mm, Bewaffnung (hier 2-cm-KwK 38 und ein Maschinengewehr).

Panzer II, already obsolete, is still in action serving primarily reconnaissance missions at the beginning of the Russian campaign. Its chassis was later used for the installation of different weapons. Weight 10 tons, length 4.75 m, width 2.3 m. Motor capacity 140 horsepowers, speed 40 km/h, armor plating 13–15 mm, armament (shown here) 20 mm KwK 38 and one machine gun.

P 35 (t) und P 38 (t); diese ehemaligen tschechischen Fahrzeuge (hier P 38 (t)) entsprachen 1941 hinsichtlich ihrer Bewaffnung nicht mehr den militärischen Anforderungen. Im weiteren Verlauf des Rußlandfeldzuges bewährte sich das Fahrgestell jedoch noch nach Umrüstung zum Jagdpanzer mit 7,5 cm Pak. Gewicht 9,7 t, Länge 4,56 m, Breite 2,10 m, Höhe 2,20 m. Motorleistung 125 PS, Geschwindigkeit 38 km/h, Bewaffnung (hier 3,7-cm-KwK und 2 Maschinengewehre).

Concerning their armament, P 35 (t) and P 38 (t), two former Czech vehicles, [here: P 38 (t)] did not meet military requirements in 1941. However, the chassis was successfully used as a tank destroyer with a 75 mm anti-tank gun. Weight 9.7 tons, length 4.56 m, width 2.10 m, heigth 2.20 m, motor capacity 125 horsepowers, speed 38 km/h, armament (shown here) 37 mm KwK and two machine guns.

Panzer III; Gewicht 21,5 t; Motorleistung 265 PS, Geschwindigkeit 32 km/h; Länge 5,48 m, Breite 2,92 m, Höhe 2,44 m; Bewaffnung (hier) 5 cm KwK L/60 und 2 Maschinengewehre.

Panzer III: Weight 21.5 tons, motor capacity 265 horsepowers, speed 32 km/h, length 5.48 m, width 2.92 m, heigth 2.44 m, armament (here) 50 mm KwK L/60 and two machine guns.

Zu Beginn des Rußlandfeldzuges bestand die Masse der deutschen Panzer aus den Typen III und IV. Die Waffenwirkung gegen die schweren russischen Kampfwagen war damals schon unzureichend, wurde aber hauptsächlich beim Panzer IV durch Einbau leistungsfähiger Waffen laufend den taktischen Erfordernissen angepaßt. Panzer IV war später das „Arbeitspferd“ der deutschen Panzerwaffe bis zum Ende des Zweiten Weltkrieges; sein Fahrgestell wurde die Grundlage einer ganzen Panzerfamilie. Abgesehen von verminderter Geländefähigkeit bei extremen Geländeverhältnissen bewährten sich die Fahrzeuge.

At the beginning of the Russian campaign, most of the German panzers belonged to the types III and IV. The ineffectiveness of their armament against the heavy Russian armored cars was partially equalized by the installation of effective weapons on Panzer IV. Panzer IV represented the "workhorse" of the German Armored Forces throughout World War II. The chassis was the basis for numerous panzer constructions. Despite the minor cross-country limitation under bad terrain conditions, Panzer IV proved reliable and effective.

Panzer IV; Gewicht 22 t; Motorleistung 300 PS, Geschwindigkeit 42 km/h; Länge 5,92 m, Breite 2,92 m, Höhe 2,68 m; Bewaffnung (hier) 7,5 cm KwK L/24 und 2 Maschinengewehre.

Panzer IV: Weight 22 tons, motor capacity 300 horsepowers, speed 42 km/h, length 5.92 m, width 2.92 m, heigth 2.68 m, armament (here) 75 mm KwK L/24 and two machine guns.

Während die 17. Panzer-Division auf Minsk eindrehte, stößt die 18. Panzer-Division südlich daran vorbei, erobert mit einer Vorausabteilung Borissow und bildet nun einen Brückenkopf über die Beresina.

As the 17th Panzer Division turned toward Minsk, the 18th Panzer Division rushed to the south of this city, conquered Borissow and is now establishing a bridgehead over the Beresina.

Nach der Überwindung der Beresina (unten) gibt es für die Panzergruppe 2 (Guderian) nur noch ein natürliches Hindernis auf dem Weg nach Smolensk – den Dnjepr. Auf dem linken Flügel bereitet inzwischen die Panzergruppe Hoth den Übergang über die Düna vor.

After the victory at the Beresina (below), there is only one natural obstacle for Panzer Group 2 on its way to Smolensk – the Dniepr. Meanwhile, on the left wing, Hoth Panzer Group ist preparing the crossing over the Dvina.

Die sowjetische Führung versucht den Brückenkopf bei Borissow einzudrücken. Jeremenko setzt dazu die 1. motorisierte Schützendivision ein. Dieser Eliteverband verfügt über 100 meist schwere Panzer der Typen KW und T-34. Der T-34 erscheint hier das erste Mal in einem geschlossenen Kampfverband auf dem Kriegsschauplatz vor der Heeresgruppe Mitte.

General Jeremenko employs the 1st Motorized Infantry Division in an effort to crush the German bridgehead at Borissow. This elite unit has over one hundred heavy type KW and T-34 tanks at its disposal. For the first time, Army Group Center is confronted with the T-34 within a Russian task force.

Da die 1. motorisierte Schützendivision eine noch nicht eingespielte gepanzerte Division ist, operieren die Panzer Jeremenkos langsam und unbeholfen. Der T-34 kann seine Vorteile – Beweglichkeit, Feuerkraft und Panzerung – nicht ausnutzen. Die Nachteile der deutschen Panzertypen, besonders auf weite Entfernung schwache Munitionswirkung, wird durch wendige Panzerführung mehr als ausgeglichen. Das Selbstbewußtsein der deutschen Panzerbesatzungen überwindet sehr schnell den „T-34-Schreck". – Der sowjetische Angriff wird abgeschlagen.

The operation of the tanks of the rather inexperienced 1st Russian Motorized Infantry Division is clumsy and slow. The T-34 cannot profit from its advantages; mobility, firing power and armor protection. On the other hand the Germans more than equalize the disadvantages of their panzers, especially the weak effect of their guns at long distance, by employing mobile and skilful tank manoeuvers. The self-confidence of the German panzer crews very soon masters the "T 34 fear". The Soviet assault is repelled.

Der robuste T-34 verändert das Panzerbild des Zweiten Weltkrieges und aller nachfolgenden Panzergenerationen.
Seine technischen Merkmale (ca.): Gewicht – 26,5 t, Länge – 6,00 m, Breite – 3,00 m, Höhe – 2,46 m, Panzerung – 13–45 mm, Geschwindigkeit – 55,0 km/h, Bewaffnung (Bild) – 76,2 KwK L 41,5 und 2 Maschinengewehre.
Mit seinen abgerundeten Kanten, den schrägen Flächen und den breiten Ketten hat er das neue Panzergesicht, wie es heute für Panzer noch allgemein gültig ist. Der Dieselmotor verleiht ihm einen großen Fahrbereich (ca. 450 km), eine wichtige Voraussetzung für operative Kriegsführung..
Das Auftauchen der T-34 zwingt die deutschen Konstrukteure und die Industrie zu neuen Maßnahmen. Erst zwei Jahre später erscheint im Panzer V (Panther) das Gegenstück zum T-34.

The sturdy T-34 changes the image of the World War II-tank and all the following tank generations. Weight 26.5 tons, length 6.00 m, width 3.00 m, heigth 2.46 m, armor 13–45 mm, speed 55 km/h, armament (photo) 76.2 KwK L 41.5 and two machine guns.
The smooth edges, sloping surfaces and wide tracks have shaped a tank image that has remained valid up until today. The Diesel engine gives an operating range of 450 km.
The appearance of the T-34 forces German design engineers to construct an effective counterpart to this Russian tank. Two years later, the Panzer V (Panther) is ready for action.

Die Panzerführer der Heeresgruppe stehen unter Zeitdruck. Es gilt, die großen Flüsse Düna im Bereich der 3. Panzergruppe, und Dnjepr im Bereich der 2. Panzergruppe, zu überwinden, noch bevor die Sowjets größere Kräfte für einen Gegenangriff zusammenfassen können. Die Überraschung gelingt. Am 10. und 11. Juli werden die Ströme an mehreren Stellen überquert. Wo es nicht gelingt, Brücken im Handstreich zu nehmen (oben: die Dnjepr-Brücke von Nowgorod-Ssewerssk) wird vor dem Bau von Kriegsbrücken ein provisorischer Fährbetrieb (unten) aufgenommen.

On 10 and 11 July, the Germans succeed in crossing the large rivers Dvina and Dniepr by surprise before the Russians are able to concentrate their troops for a massed counterattack. In some places, bridges are captured in a surprise raid (above: the Dniepr bridge at Nowgorod-Ssewerssk), in others, a temporary ferry service (below) has to be established.

Die Überraschung wird ausgenutzt. Die 7. Panzer-Division umgeht Smolensk von Norden und unterbricht am 15. Juli die Straßen- und Eisenbahnverbindungen nach Moskau. Zwölf Sowjet-Divisionen sind von ihren Nachschublinien abgeschnitten. Die 29. ID. mot. auf der rechten Seite der Autobahn hängt etwas zurück und der Kessel kann noch nicht geschlossen werden. In diesem Moment setzt Jeremenko alle verfügbaren Kräfte zum Entsatz von Smolensk ein.

Profiting from the surprise, on 15 July, the 7th Panzer Division can intercept the road and railroad connection to Moscow thereby cutting off the supply routes of twelve Soviet divisions. On the right hand side of the motor highway, the 29th Motorized German Infantry Division has fallen back. Therefore, they are not able to close the encirclement. At this moment, Jeremenko employs all available forces for the relief of Smolensk.

Um jedes Geländestück . . .

Both sides struggle for each sector of terrain . . .

. . . und jede Ortschaft wird erbittert gekämpft.

. . . and every town.

Trotz hoher Verluste geben die Russen nicht auf. Immer wieder werden neue Infanterie- und Panzerbrigaden (links) herangezogen und in die Schlacht geworfen. Die Stalinorgel, ein Salvengeschütz, das 36 Raketen mit einem Kaliber von 82 mm in 26 Sekunden verschießt, kommt hier das erste Mal zum Einsatz.

The Soviets suffer heavy losses but do not give up. Time and again, they bring up reinforcements (left) against the Germans. In this area, the Stalin Organ, a salvo gun that fires 36 rockets of 82 mm caliber in 26 seconds, is put into action for the first time.

In rollenden Einsätzen verschafft die Luftwaffe den weit vorgeprellten Divisionen Entlastung (unten). Durch das Aufschließen der zurückgebliebenen Infanteriedivisionen wird der Einschließungsring um Smolensk verstärkt, und trotz der Durchhalteparolen der sowjetischen politischen Führung bricht am 5. August der letzte Widerstand in und um Smolensk zusammen.

In the meantime, the German Luftwaffe is supporting advancing divisions through relay attacks (below). As the ring around Smolensk is strengthened by the slower German divisions which have now joined up, the last Soviet resistance in and around Smolensk is defeated inspite of continuous Russian "hold-out" propaganda.

Noch vor Abschluß der Kämpfe versucht eine starke feindliche Kräftegruppe aus der Richtung von Rosslawl den Ring um Smolensk aufzubrechen. Unter der Führung von Guderian gelingt es, mit den zusammengefaßten Kräften der Panzergruppe 2 und der 2. Armee – ihre Infanteristen fahren teilweise aufgesessen (oben) – in einer Rechtsdrehung den Gegner bei Rosslawl einzuschließen und bis zum 8. August zu vernichten.

On 2 August, a final massed Russian counterattack from the direction of Rosslawl is repelled by the concentrated panzer forces of Panzer Group 2 and the 2nd Army under the command of Guderian. Above: Most German infantrymen advance mounted on panzers.

Durch die hohen sowjetischen Verluste während der Kämpfe in und um Smolensk (unten), annähernd 140 000 Gefangene, 2 000 Panzer und ebensoviele Geschütze, entspannt sich die Lage der Deutschen. Es ergibt sich außerdem für die Heeresgruppe eine günstige Ausgangsposition für den Angriff auf Moskau.

The German situation stabilizes due to the high Russian losses (140 000 prisoners, 2 000 tanks and 2 000 guns) sustained during the fighting for Smolensk (below). The present position of the Army Group is also advantageous for the assault on Moscow.

Mitte August, nur zwei Monate nach Beginn der Feindseligkeiten, stehen die Verbände der Heeresgruppe Mitte 350 km vor Moskau.

In the middle of August, two months after the beginning of the hostilities, the units of Army Group Center are 350 km away from Moscow.

Aber ihre Kräfte sind erschöpft. Die Verluste sind hoch und Ersatz kann die Fehlbestände nur zum Teil ausgleichen. Der Panzergruppe 3 fehlen 4 000 und der Panzergruppe 2 5 000 Mann Ersatz. Manche Panzerdivisionen verfügen nur noch über 50 bis 60 Panzer.
Die Nachschublage ist noch kritischer. Die Eisenbahn, deren breitere Spurbreite immer erst auf deutsche Breiten umgenagelt werden muß, erbringt nur eine tägliche Transportleistung von acht Zügen mit je 450 – 500 Tonnen. Die Hauptlast des Nachschubs liegt bei den Transportkolonnen mit einem Volumen von ca. 46 000 Tonnen, die auf ein unzureichendes Straßennetz (oben) angewiesen ist. In Wirklichkeit können aber höchstens 10 000 Tonnen Transportraum (deren Fahrzeuge sich zeitweise über mehrere 100 km verteilen) für die Versorgung zugrunde gelegt werden.
Im Sommer 1941 werden jedoch bei den Panzergruppen 2 und 3 die dringendsten Nachschubprobleme gelöst, denn noch können sich die dichten Transportkolonnen (unten) ungestört durch Luft- oder Partisanengefahr bewegen.

Heavy losses, however, have also weakened the German side since the shortage of men and tanks can only be partially compensated. Some panzer divisions have only fifty to sixty panzers at their disposal.
The supply problem has reached an even more critical point. Motor convoys with a transport volume of about 46 000 tons advancing under bad road conditions (above) have to provide most of the supply, as trains are only capable of carrying 450 – 500 tons. Vehicle breakdowns lower the actual transport volume to a maximum of 10 000 tons daily. During the summer of 1941 the most urgent supply requirements of Panzer Group 2 and 3 can be met as motor convoys can move without aerial or guerilla threat (below).

Eine der wenigen „Geheimwaffen", über die die deutsche Armee zu dieser Zeit verfügt, sind ihre Panzerführer.

Generaloberst Guderian (Bild) ist der Schöpfer der deutschen Panzerwaffe. Er hat die Gedankengänge der Obersten Fuller und de Gaulle in die Tat umgesetzt und auf eine Weise verwirklicht, die heute noch vorbildlich ist. Die Planung und Durchführung der Panzeroperationen Guderians sind richtungweisend für moderne Panzerkriegführung geblieben. Mut und Verantwortungsbewußtsein hat er oft bewiesen. Während des Frankreichfeldzuges z. B. hat er unter Umgehung des Dienstweges Vortrag bei Hitler gehalten, um schließlich seine eigenen taktischen Vorstellungen zur Verwirklichung zu bringen. Guderians militärische Ansichten standen auch weiterhin oft im Widerspruch zu denen Adolf Hitlers. Das Spannungsverhältnis steigerte sich derart, daß es im Dezember 1941 zur Entlassung Guderians kam.

One of the few „secret weapons" of the German Army in these days is its qualified panzer leaders. General Guderian (above) ist the creator of the German Panzer Force. He utilized the ideas of Colonel Fuller and de Gaulle in a way that has made his tactical planning and performance of modern armored operations usable even today. He was conscious of his great responsibility and courageously defended his own military ideas on tactical matters when confronted by Hitler. These circumstances will lead to the discharge of Guderian in December 1941.

Eine andere „Geheimwaffe“ ist die operative Beweglichkeit und Feuerkraft der motorisierten Infanteriedivisionen. Obwohl diese Form von mechanisierten Großverbänden erst im Jahr 1943 die Bezeichnung „Panzergrenadier-Division“ erhält, wurden die Infanteristen schon zuvor vielfach unter Panzerschutz transportiert (oben) und können den Kampf von ihren Schützenpanzern aus aufnehmen. Schwere Waffen wie Sturmgeschütze (unten) geben den motorisierten Infanteriedivisionen so viel Feuerkraft, daß sie sich auch unabhängig von anderen Waffengattungen gegen gegnerische Befestigungen oder Panzer durchsetzen können.

Another „secret weapon“ is the mobility and the firing power of the motorized German infantry divisions. Beginning in the year 1943, these divisions will be called „Panzergrenadier-Divisionen“ (armored infantry). Armored infantry riflemen, however, have been transported in armored utility vehicles earlier (above). By employing heavy weapons like the self-propelled assault guns (below), the motorized German infantry divisions achieve such firing power, that they are able to fight successfully against enemy fortifications or tanks, even without other assistance.

Nach schweren Abwehrkämpfen im Jelnabogen (östlich Smolensk) bereiteten sich die Armeeführer der Heeresgruppe Mitte zum Stoß auf Moskau vor. Hitler will aber die schnellen Verbände nach Norden und Süden abziehen, um eine rasche Entscheidung an den Flanken herbeizuführen. Er sieht sich daraufhin einem breiten Widerstand seiner Generäle gegenüber. Daraus entsteht die sogenannte erste Führungskrise, die über Wochen andauert und Führung und Soldaten verunsichert. – Diese Zeit wird allerdings für dringende Instandsetzungsaufgaben genutzt.

Am 21. August erläßt Adolf Hitler einen Befehl, der wirtschaftlichen Überlegungen den Vorrang gibt. Danach sollen das Donezbecken und die Krim erobert werden, um die Russen von ihrer Ölversorgung aus dem Kaukasus abzuschneiden.
Die Panzergruppe 2 und die 2. Armee unter Guderian sind für diese Aufgabe vorgesehen.

After heavy defensive battles in the Jelna bulge (east of Smolensk), the commanders of Army Group Center prepare for the assault on Moscow. Hitler, however, wants to withdraw the fast German units from the Moscow area and send them to the northern and southern flanks in order to achieve a quick decision in these areas. The resistance of almost all his generals concerning this matter leads to the so called "first headquater's crisis", that lasts for several weeks. – This time ist utilized for urgent repair and maintenance works.

According to Hitler's order of 21 August 1941, the economically important Donez basin and the Crimea must be conquered the Russian industry will then be cut off from its oil supply system in the Caucasus.

Panzer Group 2 and the 2nd Army under Guderian are charged with this task.

Nach der Zerschlagung mehrerer russischer Armeen im Raum um Gomel, die wie ein zweischneidiges Messer die offenen Flanken der Heeresgruppen Mitte und Süd gefährdeten, und nach der Gewinnung der Dessna-Übergänge bei Nowgorod erkennt das OKW die Gelegenheit einer Kesselschlacht ungeahnten Ausmaßes. Unter Ausnutzung aller passierbarer Wege stürmen die gepanzerten Einheiten der Panzergruppe 2 nach Süden (oben und unten).

The Germans move ahead, destroying several Russian armies in the area of Gomel, where the enemy had endangered the open flanks of Army Group Center and South. The Germans seize the Dessna crossings at Nowgorod when the OKW recognizes the chance for an unexpected opportunity for an encirclement. Using all paths and roads, the armored units of Panzer Group 2 rush to the south (above and below).

Der Angriff steckt voller Risiken. Die offene linke Flanke des XXXXVII. Panzerkorps ist ständig sowjetischen Angriffen ausgesetzt, die jedoch alle erfolgreich abgeschlagen werden (vernichteter russischer Panzer T-28).

The assault bears multiple risks. The open left flank of XXXXVII Panzer Corps must sustain continuous Russian attacks which are repelled successfully. (Shown: Destroyed Russian T-28 tank.)

Generalleutnant Guderian (am Tisch sitzend) führt in diesen Tagen seine Divisionen von vorgeschobenen Gefechtsständen aus. Er befindet sich stets im Brennpunkt der Ereignisse. Auf der rechten Flanke hingegen werden die Panzer-Divisionen des Generalobersten von Kleist noch zurückgehalten, um die russische Führung die wahren deutschen Absichten nicht zu früh erkennen zu lassen.

General Guderian (sitting at the desk) is leading his divisions from far advanced command posts. On the right flank, the panzer divisions of General Kleist are held back to conceal the true German intentions from the Russian high command.

Der Vormarsch der Panzergruppe Guderian wurde durch gewitterartige Regenfälle aufgehalten und bei Konotop und Rommy muß starker sowjetischer Widerstand gebrochen werden, bevor sich die Panzerdivisionen neu entfalten können (oben).

Am 10. September eröffnet die Panzergruppe Kleist aus ihrem Brückenkopf bei Krementschung den Angriff in nördlicher Richtung und leitet damit die Bewegung des zweiten Zangenarms für die Kesselschlacht ein (unten).

Bad weather conditions and strong Russian resistance at Konotop and Romny delay the advance of the Guderian Panzer Group (above). On 10 September, the Kleist Panzer Group at its bridgehead near Krementschung starts the assault in a northerly direction beginning the final envelopement in the battle of encirclement (below).

Wenn die Feindlage ungeklärt war, oder wenn die vorgeprellten Panzerrudel den Funkkontakt zu vorgesetzten Führungsstellen verloren haben, schafft die Luftwaffe mit ihren Nahaufklärern die notwendige Übersicht und Verbindung.

Die Nahaufklärer, die zum Einsatz kamen, sind:

Fieseler „Storch" Fi 156
Henschel HS 126 und
Focke-Wulf Fw 189, der über eine starke Defensivbewaffnung verfügt (Bild). Leistung (ca.): Höchstgeschindigkeit 340 km/h in 2500 m Höhe. Dienstgipfelhöhe 7000 m. Reichweite 940 km.

Luftwaffe reconnaissance missions are essential in assisting with radio connections between far-advanced panzer packs and their command units.

The short-range reconnaissance planes which were put into action are:

Fieseler „Storch" Fi 156
Henschel HS 126 and
Focke-Wulf Fw 189 which is equipped with effective defensive guns (photo). Capacity (approximately): Top speed 340 km/h at a heigth of 2500 m. Operating ceiling 7000 m. Range 940 km.

Am 14. 9. treffen sich die Spitzen der 3. Panzer-Division der Panzergruppe 2 von Norden und die der 16. Panzer-Division der Panzergruppe 1 (Heeresgruppe Süd) von Süden in Lochwiza – der Kessel um Kiew ist geschlossen. Lagebesprechung im Schulgarten von Lochwiza: Generalleutnant Model, Kommandeur der 3. Panzer-Division trifft sich mit Generaloberst Guderian (links).

On 14 September, the forward elements of the 3rd Panzer Division of Panzer Group 2 coming from the north and the forward elements of the 16th Panzer Division of Panzer Group 1 (Army Group South) coming from the south meet in Lochwiza thereby closing the pocket of Kiew. Situation report in the school yard of Lochwiza: General Model, commander of the 3rd Panzer Division meets General Guderian (left).

Im Bereich der Heeresgruppe Mitte bietet sich das gleiche Bild wie bei der Heeresgruppe Süd: Zerstörtes Kriegsgerät (unten) und unübersehbare Gefangenenkolonnen (oben).

In the area of Army Group Center and Army Group South, you can see the same pictures in these days; destroyed war material (below) and endless columns of prisoners (above).

Das nächste große Ziel heißt Moskau! Zur Vorbereitung der Operation „Taifun" werden die 2. Armee und die 2. Panzerarmee, die kurze Zeit an Rundstedt abgegeben worden waren, ebenso wie die Panzerarmee 4, wieder der Heeresgruppe Mitte unterstellt. Die Umgruppierungen nehmen wertvolle Zeit in Anspruch. Einige der Panzerdivisionen müssen Märsche von mehreren 100 Kilometern zurücklegen, um ihre Bereitstellungsräume zu erreichen. Die Divisionen Guderians bewältigen dabei mehr als 600 km. Versorgungsschwierigkeiten und zunehmende Partisanentätigkeit erschweren den Aufmärsch. Außerdem bereitet der späte Zeitpunkt der Unternehmung vielen deutschen Panzerkommandeuren Sorgen.

The next major objective is Moscow!
The necessary regrouping for operation „Taifun" requires valuable time. Supply problems and guerilla activity slow down the assembly of the German troops. Moreover, the time period (late fall) of the important operation gives uneasiness to many panzer commanders.

Am 30. September greift Guderian mit seiner 2. Panzerarmee an. Die 3. und 4. Panzerarmee, vorerst noch bewußt zurückgehalten, schließen sich der Offensive zwei Tage später an.

On 30 September, the 2nd Panzer Army under Guderian attacks. The 3rd and 4th Panzer Army is deliberately held back, but joins the offensive two days later.

Die zur Verteidigung von Moskau zusammengezogenen sowjetischen Armeen werden in ihren vorbereiteten Verteidigungsstellungen vollständig überrascht. Am 6. Oktober unterbrechen die Spitzen der sich treffenden 3. und 4. Panzerarmee die Eisenbahnlinie und Autobahn von Moskau nach Wjasma. Am selben Tag wird auch der Kessel um Brjansk geschlossen.

The Soviet armies that had been concentrated for the defense of Moscow, are completely surprised by the German assault. On 6 October, advanced units of the 3rd and 4th Panzer Army meet at the railroad line and motor highway Moscow – Wjasma, intercepting this connection. On the same day, the Germans close the pocket of Brjansk.

In der Doppelschlacht von Brjansk und Wjasma verliert Jeremenko fast 700 000 Soldaten, mehr als 1000 Panzer und 5000 Geschütze. Im Bereich der Heeresgruppe Mitte hat die Rote Armee jetzt mehı als 1,5 Millionen Soldaten durch Tod, Gefangenschaft und Verwundung verloren.

In the double battle of Brjansk and Wjasma, Jeremenko loses almost 700 000 soldiers, more than 1 000 tanks and 5 000 guns. In the area of Army Group Center, the Red Army has lost more than 1.5 million soldiers up to this time.

Die hohen sowjetischen Menschen- und Materialverluste beeinträchtigen die Lagebeurteilung der deutschen, wie auch der westlichen Alliierten: „Der militärische Riese auf den tönernen Füßen ist geschlagen!“

The high Soviet losses of soldiers and war material presents an erronious picture of the situation. The German side as well as the western Allies believe that the „military giant on its clay feet“ is defeated.

Moskau scheint jetzt schutzlos dem Angriff der schnellen deutschen Divisionen preisgegeben. Die russische Regierung bereitet schon ihre Evakuierung nach Kuybischew vor, als ein mächtiger sowjetischer Verbündeter die Offensive fast zum Stillstand bringt:

Die Regenperiode setzt ein und verwandelt alle Wege in fast grundlosen Schlamm.
Der Nachschub und die Marschkolonnen der Infanterie drohen stecken zu bleiben. Nur noch Kettenfahrzeuge kommen vorwärts. Als schließlich durch starken Kälteeinbruch die darauf nicht vorbereiteten Waffen und Motoren versagen und die Panzer am Morgen wie in einem Zementguß stekken, büßten die gepanzerten Truppen ihre Bewegungsfreiheit ein.

Now, unprotected Moscow is exposed to the fast German divisions. As the Russian government prepares its evacuation to Kuybischew a mighty Soviet ally halts the German offensive. – The rainy season begins turning all unsurfaced roads into mud paths. Supply and march columns of the infantry sink into the mud. Only tracked vehicles can move ahead. Panzer action has to be conducted along the few well-surfaced roads. The mobility of the armored troops is lost when a sudden cold freezes the unprepared weapons and motors, and panzers stick fast in the frozen mud.

Marschall Timoschenko wird in diesen Tagen durch den noch unbekannten General Schukow (rechts) abgelöst. Schukow, der einer der besten Heerführer der Sowjetunion werden sollte, nutzt die Schlammperiode aus: Die Verteidigungsstellen werden ausgebaut, und durch neu zugeführte Reserven werden die Kräfte der Verteidiger Moskaus aufgefrischt.

During these days, Marshall Timoschenko is replaced by the presently unknown General Schukow (right). Schukow, who will become one of the best leaders of the Soviet Army, uses the muddy season to reinforce the defensive positions of Moscow.

In immer stärkerem Ausmaß müssen sich die deutschen Panzer mit dem T-34 auseinandersetzen.

German panzers now begin to encounter the Russian T-34 more frequently.

Trotzdem gelingt es, bis Mitte Oktober die Linie Tula – Mokaisk – Kalinin zu erreichen. Bei Kalinin wird sogar die einzige Wolgabrücke (rechts) unversehrt erobert und ein Brükkenkopf gebildet. Dann aber lassen die Kräfte der geschwächten deutschen Truppen nach.

By the middle of October, the Germans succed in reaching the Tula-Mokaisk-Kalinin line capturing the only Volga bridge (right). A bridgehead is established, however, the weakened German troops are exhausted.

Die deutschen gepanzerten Divisionen stehen jetzt nur noch 60 km von Moskau entfernt. Ohne die Situation der Heeresgruppe Mitte voll in Betracht zu ziehen, beginnt Adolf Hitler mit der Planung zur Umfassung von Moskau.

Unter Ausnutzung einer milden Winterwitterung eröffnet die 3. und 4. Panzerarmee auf dem linken Flügel am 15. November den Angriff gegen Moskau. Guderians Angriff im Süden beginnt zwei Tage später, wobei Tula rechts umgangen wird.

Der starke gegnerische Widerstand durch neu zugeführte bestausgerüstete sibirische Divisionen verlangsamt den Schwung des deutschen Angriffs. Aber es ist schließlich der Winter mit Kältegraden bis 45° Celsius, der die Offensive scheitern läßt. Den Panzerarmeen, die nur für den Sommerkrieg ausgerüstet sind, fehlt es an Winterbekleidung und winterfesten Schmierstoffen für Fahrzeuge und Waffen. Ausfälle durch Erfrierungen übersteigen die hohen Kampfverluste.

Ein letzter Vorstoß der 3. und 4. Panzerarmee bringt zwar deutsche Panzer bis auf 30 km an die Kremlmauern heran, am 6. Dezember jedoch muß das große Ziel endgültig aufgegeben werden.

Die große Offensive der Heeresgruppe Mitte hat ihr Ende gefunden.

Sixty kilometers away from the Russian capital, Hitler prepares plans for the encirclement of Moscow, without considering the true situation of Army Group Center.

On 15 November under mild weather conditions, the 3rd and 4th Panzer Army on the left wing begins the assault on Moscow. Two days later in the south, Guderian, bypassing Tula on the right side, joins in the assault.

Well-equipped Sibirian divisions strengthen the heavy enemy resistance and slow down the drive of the German assault. The cold winter with temperatures of minus 45 degrees Celsius, however, is the element which turns the offensive into a failure. The panzer armies lack appropriate winter clothes and winter lubricants for vehicles and weapons. Losses resulting from frostbites exceed the heavy combat losses.

In a last thrust, the 3rd and 4th Panzer Army are able to approach to within thirty kilometers of the Cremlin Walls, however, on 6 December, the final goal has to be abandoned forever. The great offensive of Army Group Center has come to an end.

Die Operationen der Panzergruppe 4 im Norden

Der Auftrag der Heeresgruppe Nord, zu der die Panzergruppe 4 gehörte, war, den Feind im Baltikum zu vernichten und die russischen Ostseehäfen einschließlich Leningrad zu besetzen. Nach härteren Panzerkämpfen an der Dubyssa in Litauen konnte die Panzergruppe bereits am 26. 6. die Dünabrücke bei Dünaburg unversehrt nehmen. Bis zum 12. 7. gewannen ihre beiden Panzerkorps den Raum südostwärts des Peipus-Sees. Weiteres, insbesondere auch wegen des sumpfigen Geländes langsameres Vorgehen ließ sie schließlich die Luga erreichen, wo sie jedoch für längere Zeit liegen blieben. Erst nachdem die Infanterie aufschloß, erfolgte der Weiterstoß auf Leningrad und in Richtung Ilmensee ab 10. 8. Die Stadt wurde unter schweren Kämpfen Anfang September erreicht, am 8. 9. Schlüsselburg genommen und das Gebiet am Ilmensee zur gleichen Zeit besetzt. Leningrad selbst durfte nicht angegriffen werden, da man hierfür – wegen der vielen Kanäle – den Winter abwarten wollte; man begnügte sich, es einzuschließen. Im Gegensatz zu den anderen Panzergruppen, die meist Umfassungen durchführten, wurde diese Panzergruppe stets als Speerspitze vor den übrigen Truppen eingesetzt.
Ende September verlegte die Panzergruppe 4 in die Mitte und trat – nunmehr 4. Panzerarmee genannt – zusammen mit der 2. und 3. Panzerarmee zum Angriff auf Moskau an. Der Angriff, anfänglich sehr erfolgreich, blieb Ende Oktober im Schlamm liegen. Nach Eintreten von klarem Frostwetter griffen die 3. und 4. Panzerarmee erneut an. Es gelang ihnen jedoch nur, die Vororte Moskaus im Norden und Nordwesten zu erreichen. Neue vom Fernen Osten herangeführte Truppen des Gegners traten am 6. 12. zum Gegenangriff an und warfen die völlig abgekämpften Truppen um rund 200 km von Moskau schließlich auf die Winterstellung Rshew-Mzensk zurück.

The Operations of Panzer Group 4 in the North

Army Group North, along with its Panzer Group 4, was assigned the mission of destroying the enemy in the Baltic area and occupying the Russian ports along the Baltic Sea, including Leningrad. On 26 June, the Germans seized the Dvina bridge. On 12 July, they seized the area southeast of the Peipus Sea. Marshy areas slowed down the advance until they reached the Luga. Beginning on 10 August, after the infantry had caught up, the thrust was continued in the direction of Leningrad and Ilmensee. In the beginning of September, the Germans reached the city. Hard fighting took place leading to the occupation of Schlüsselburg and the area around Ilmensee. Due to the many canals, an attack on Leningrad was postponed until the winter. Contrary to the other panzer groups which were mostly employed for encirclements, this panzer group was used as a spearhead in front of the other troops.

At the end of September, Panzer Group 4 (now called 4th Panzer Army) along with the 2nd and 3rd Panzer Army were launched against Moscow. Initial success turned to the bogging down of men and material in the mud. Then, when it became cold, the 3rd and 4th Panzer Army were able to resume the attack. However, they could only reach the northern and northwest outskirts of Moscow. On 6 December, new enemy troops moved up from the Far East, pushing the exhausted German forces back to a winter position in Rshew-Mzensk situated about 200 km away from Moscow.

Nur wenige Stunden trennen die Soldaten der Panzergruppe Hoepner in den Bereitstellungen der tiefen Wälder Ostpreußens vom Angriffsbeginn.

. . . 22. Juni 3.05 Uhr Feuereröffnung.

In the assembly positions of the deep forests of East Prussia, the soldiers of Hoepner Panzer Group wait for the signal to attack.

. . . 22 June, 0305 hours, the firing begins.

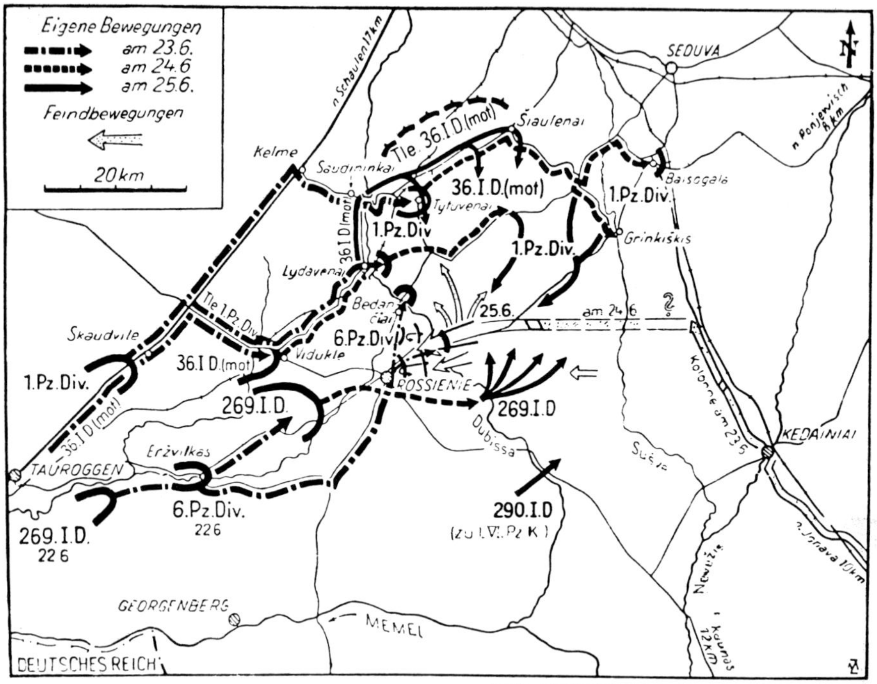

Bei Rossienie findet am 26. 6. die erste Panzerschlacht des Rußlandfeldzuges statt. Die Masse der sowjetischen gepanzerten Verbände der Nord-West Front versucht dem XXXXI. Panzerkorps den Weg zu verlegen.

The first panzer battle of the Russian campaign takes place near Rossienie on 26 June. There, the Soviets try to intercept the route of the XXXXI. Panzer Corps.

75-mm-Panzerung auf russischer Seite gegen maximal 50 mm auf deutscher Seite – Dank der besseren Führung und Beweglichkeit (Funk) der deutschen Panzer gelingt es, die Divisionen des Gegners zu zerschlagen.

Seventy-five millimeter armor plating on the Russian vehicle stands against a maximum of fifty millimeter on the German vehicle – the more efficient guidance and mobility (radio) enables the German panzers to destroy their enemy.

Die Panzerdivision des LVI. und XXXXI. Panzerkorps stürmen der Düna entgegen.

The panzer divisions of the LVI and XXXXI Panzer Corps rush toward the Dvina River.

Die Wälder Litauens werden durch abgesessene Kradschützen vom Feind gesäubert.

The forests of Lithuania are cleared by motorcycle riflemen.

Die 1., 6. und 8. Panzerdivision gewinnen die Düna – Brückenköpfe werden gebildet. Das erste Tor auf dem Weg nach Leningrad ist aufgestoßen.

The 1st, 6th and 8th Panzer Divisions conquer the Dvina River and build bridgeheads. The first door to Leningrad has been opened.

Das nächste Ziel heißt Ostrow! Diese beiden BT 742, bewaffnet mit 45-mm-Kanonen wurden Opfer des schnellen Vormarsches der gepanzerten Divisionen des Panzerkorps Reinhardt.

Moving forward toward Ostrow: Two BT 742 became victims of an assault by the armored divisions of the Reinhardt Panzer Corps.

Im ersten Anlauf wurde das Stellungssystem der Stalinlinie entlang der alten lettisch-russischen Grenze durchbrochen. Am 4. Juli gewinnt die 1. Panzerdivision ohne nennenswerte Gegenwehr Ostrow. Die beiden Fotos zeigen die meisterhafte Fähigkeit der Russen in der Anlage von getarnten Befestigungen: Äußerlich ein harmloses Bauernhaus – nach Beschuß und Brand ein von Tarnblenden freigelegter Bunker der Stalinlinie.

The Germans break through the strongholds of the Stalin Line along the old Latvian-Russian border, and on 4 July, the 1st Panzer Division conquers Ostrow without resistance. The photo shows a bunker of the Stalin Line after its perfect camouflage covering which made it appear as a harmless farmhouse had been destroyed.

Die russischen Gegenmaßnahmen nach der Einnahme von Ostrow werden erst 24 Stunden später mit dem Einsatz von überschweren KW I und KW II wirksam. Die Durchschlagskraft der deutschen Panzerkanonen und Pak 37 mm reicht nicht aus, um diese gepanzerten Kolosse aufzuhalten. Pakstellungen werden einfach überrollt (links).

Twenty-four hours after the occupation of Ostrow, the Russians launch an effective counterattack by using the heavy KW I and KW II tanks. The German tank guns and anti-tank guns (37 mm) prove insufficient. Anti-tank positions are overrun (left).

Diese gefährliche Lage wird durch den beherzten Einsatz direkt gerichteter Artillerie gemeistert. Zahlreiche sowjetische Panzer vom Typ KW I (rechts) und KW II (unten) bleiben so auf der Strecke.
Der Vormarsch geht weiter.

German artillery aimed directly at the enemy tanks is able to sustain this dangerous situation. As the advance moves on, many destroyed Soviet tanks of the KW I (right) and KW II (below) types are passed.

Der Panzerspähwagen BAF 203, auf einem serienmäßigen Ford-Lkw-Fahrgestell, besaß eine Panzerung von 7–13 mm und war mit einer 45-mm-Kampfwagenkanone L/46 ausgerüstet. Als Aufklärungsfahrzeug konzipiert, wurde das Fahrzeug auch im Kampf gegen deutsche Panzer eingesetzt.

Der BT 742 zeigt mit seinem Christie-Laufwerk und seinen schrägen Flächen durchaus schon Merkmale eines modernen Kampfpanzers. Zu Beginn des Rußlandfeldzuges sind beide Typen jedoch schon veraltet und den Anforderungen eines modernen Panzerkrieges, wie er den Sowjets von den Deutschen aufgezwungen wird, nicht gewachsen.

Die Kampfpanzer KW I und KW II – sie unterscheiden sich nur durch verschiedene Turmausrüstungen (siehe unten) – sind eine böse Überraschung für die deutsche Panzertruppe. Die Waffenwirkung aller damaligen deutschen Panzertypen reicht nicht aus, um diese 44 bzw 52 t Panzerriesen ernstlich zu gefährden. Daß die deutschen Panzer sich dennoch durchsetzen können, liegt an der mangelhaften russischen Ausrüstung mit Funkgeräten und Schießoptiken, ein Mangel übrigens, der während des 2. Weltkrieges für alle sowjetischen Panzer gilt.

Aus dem Fahrgestell der KW-Reihe wurden die Panzer der Stalin- und SU-Serien abgeleitet, die ihren Kampfwert bis zu Beginn der 60er Jahre behielten.

Armored reconnaissance Car BAF 203 on a Ford truck chassis; armoring: 7–13 mm, 45 mm tank gun L/46.

Used both as a reconnaissance and light combat vehicle against German panzers.

The BT 742, with its Christie running gear, already has the characteristic appearance of a modern combat tank.

The KW I and KW II tanks with their two different turrets (below) are a dangerous surprise for the German panzers. There is no effective German panzer gun that could seriously threaten these 44 and 52 ton giant tanks. Due to the better radio and fire control equipment, the panzers are successful against the Russians.

Der Marsch des XXXXI. Panzerkorps auf Pleskau wird durch russischen Widerstand verzögert. In und um Gauri kommt es zu harten Kämpfen der 6. Panzer-Division, bei denen die Sowjets wieder mit schweren KW I und KW II Kampfpanzern angreifen.

Russian resistance slows down the advance of the XXXXI Panzer Corps toward Pskov. In and around Gauri, the 6th Panzer Division is forced to fight against the heavy Russian KW I and KW II tanks.

Durch den Einsatz von 8,8-cm-Flak kann der Angriff der russischen Panzer (rechts) abgewendet werden. Am 7. Juli ist Pleskau (unten) in deutscher Hand.

88 mm antiaircraft guns succeed in rejecting the Russian attack (right): On 7 July, the Germans have conquered Pskov (below).

Von hier aus gibt es eine direkte Straßen- und Eisenbahnverbindung nach Leningrad. Für motorisierte und gepanzerte Verbände sind Verkehrswege besonders wichtig, wenn sie nicht den Vorteil operativer Beweglichkeit verlieren wollen.

From Pskov to Leningrad, the Germans can profit from the direct road and railroad connection, especially important for motorized and armored units which rely on the advantage of mobility.

Gemäß OKW-Planung wird jetzt der Angriff auf Leningrad eingeleitet.

Now, the Germans initiate the attack on Leningrad according to the plans of the OKW (High Command of the German Army).

Der Schwerpunkt liegt dabei auf dem rechten Flügel, dem Korps von General Manstein. Schlechte Wegverhältnisse, verminte Straßen und sich versteifender russischer Widerstand verlangsamen den Vormarsch beider Panzerkorps . .

The right flank with the Corps of General Manstein bears the brunt of the assault. Bad road conditions, mined streets and increasing Russian resistance slow down the advance of the two Panzer Corps . . .

. . . bis er vor Sapolje und bei Solzy zum Stillstand kommt.

. . . until they are completely stopped before Sapolje and Solzy.

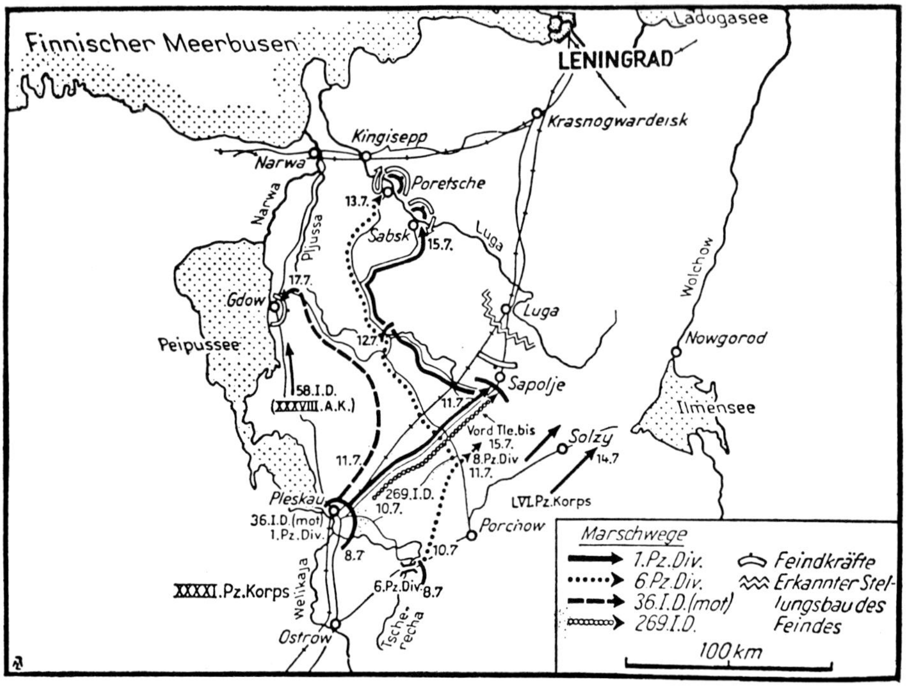

Der Russe hatte zwischen Solzy und Luga eine Abwehrlinie aufgebaut. In einer kühnen Entscheidung drehte General-Oberst Hoepner die Divisionen des XXXXI. Panzerkorps nach Nordwesten ein, um an der unteren Luga erkannte schwache Stellen des Gegners für einen Durchbruch auszunutzen.

General Hoepner turns his divisions in a northwest direction in order to break through the recognized weak positions of the Soviet defensive line between Solzy and Luga.

Unter ständiger Flankenbedrohung und über grundlose Straßen hinweg quälen sich die Truppenteile Reinhardts.

The troops of Reinhardt move ahead on muddy roads.

Die Überraschung gelingt: Am 13. Juli nimmt die Vorausabteilung der 6. Panzerdivision die Brücken bei Poretsche im Handstreich.

On 13 July, units of the 6th Panzer Division take the bridges at Poretsche in a surprise raid.

Entsprechend seiner Aufgabe versuchte das LVI. Pz.Korps zur gleichen Zeit die Offensive über Solzy auf Nowgorod voranzutragen, und trifft auf den überfallartigen Gegenangriff der geballten Kräfte der 11. Sowjetischen Armee. Drei Tage dauern die erbitterten Abwehrkämpfe, bevor sich die Lage an dieser Stelle der Front wieder stabilisiert.

Pushing the offensive toward Solzy and Nowgorod, the LVI. Panzer Corps defeats the massed forces of the 11th Soviet Army in a severe three-day battle.

Der Befehlshaber der Panzergruppe 4, General-Oberst Hoepner, hier im Gespräch mit dem Divisionskommandeur der 6. Panzer-Division, Generalmajor Landgraf (rechts), war einer der aufrechtesten Offiziere.

Wegen seines Widerstandes zu den Auswüchsen des Nationalsozialismus wurde er im Zusammenhang mit dem 20. Juli 1944 (Attentat auf Hitler) hingerichtet. Seine operativen Ansichten standen oft im Gegensatz zu denjenigen Generalfeldmarschalls von Leeb, des Oberbefehlshabers der Heeresgruppe Nord (links).

General Hoepner (sitting at the desk), commander of Panzer Group 4, was one of the most sincere and qualified Prussian officers. Due to his attitude toward the criminal actions of National Socialism and his contact with the group who attempted to murder Hitler on 20 July 1944, he was executed shortly thereafter.

Hoepner's strategy very seldom agreed with that of Field Marshall von Leeb (left), High Commander of Army Group North.

Das OKW verfügt einen dreiwöchentlichen Halt, um insbesondere die deutschen gepanzerten Divisionen aufzufrischen, zurückhängende, meist nicht motorisierte Verbände vorzuziehen und die Versorgungseinrichtungen nachschwingen zu lassen. Der Abbruch der Kampfhandlungen gibt der sowjetischen Führung jedoch Gelegenheit, sich gegenüber den deutschen Brückenköpfen aufzubauen.

The OKW orders a three-week halt which is used for resupply and maintenance. Supply units and unmotorized units that have fallen back can catch up. This interruption, however, enables the Soviets to reinforce their positions against the German bridgeheads.

Am 8. August nimmt die Panzergruppe 4 erneut die Offensive auf. Die deutschen Verluste in den vom Gegner zäh verteidigten Waldgebieten sind hoch.

On 8 August, Panzer Group 4 continues the offensive. The Germans suffer heavy losses against their fiercely defensive enemy.

Es fehlt an leistungsfähigen Straßen – der Angriff verlangsamt sich.

The lack of passable roads slows down the advance.

Doch führt schließlich das Durchhaltevermögen der deutschen gepanzerten Divisionen zum Erfolg. Mitte August wird offenes Gelände erreicht.

However, the sustaining power of the German armored divisions leads to success. They move into open terrain by the middle of August.

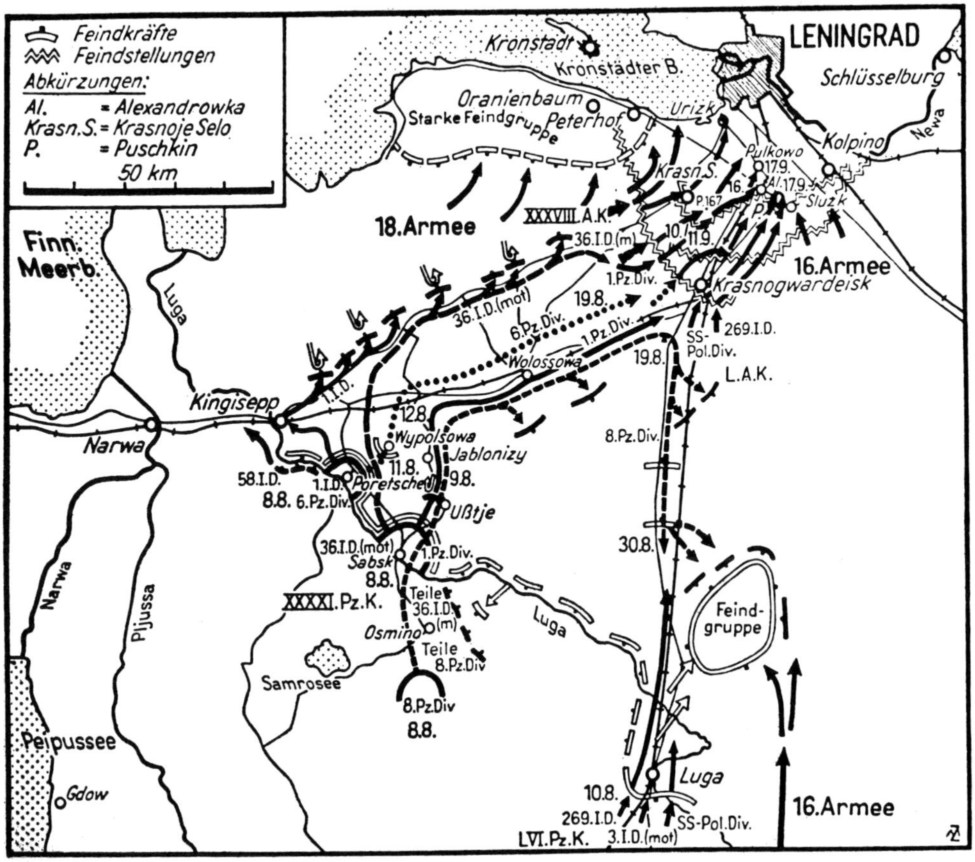

Leningrad, das Operationsziel der Heeresgruppe Nord, ist im Griff der deutschen gepanzerten Großverbände. Hoepner bereitet sich zum entscheidenden Stoß auf die geistige Metropole des Kommunismus vor. Da bringt ein massiver sowjetischer Vorstoß im Bereich der 16. Armee das X. Armeekorps in Gefahr. Zur Abwehr dieses Angriffs muß Hoepner die besten Divisionen Mansteins abgeben. Vor der 1. Schutzstellung Leningrads erschöpft sich die Kraft des deutschen Vorstoßes. Endlich, Anfang September sind Einheiten der 16. und 18. Armee zur Unterstützung der Panzergruppe 4 aufgeschlossen. Am 8. September beginnt die letzte Phase der Offensive auf Leningrad mit unterstützenden Angriffen der deutschen Kampfflugzeuge des VIII. Fliegerkorps.

Leningrad, "the cradle of Bolshevism", is surrounded by the German armored divisions. A massed Soviet assault in the area of the 16th German Army soon endangers the X Army Corps. Hoepner has to employ the best divisions of Manstein in order to repel this attack. – The power of the German thrust is exhausted on the outer defensive ring of Leningrad. On 8 September, units of the 16th and 18th Army along with bomber planes of the VIII. Flieger Corps come to support Panzer Group 4 in launching the final phase of the offensive on Leningrad.

Für den nördlichen Abschnitt des Unternehmens Barbarossa kann die Luftwaffe nur 270 Kampf- und 110 Jagdmaschinen zur Verfügung stellen. Sie ersetzen den oft weit vorgeprellten Panzer-Divisionen die Artillerie.

Die Kampfverbände richten sich auf den gerade eroberten Flugplätzen ein (oben und unten).

The German Luftwaffe supports the northern section of "Operation Barbarossa" with 270 bomber and 110 fighter planes, often replacing the action of artillery.

The combat units take possession of the captured enemy airfields (above and below).

Mit Unterstützung durch Stukas Ju-87, die in Sprechfunkweite der deutschen Panzer anfliegen, erkämpfen sich die Soldaten der Panzergruppe 4 den Weg durch die Verteidigungslinien Leningrads, die durch eingegrabene Panzer verstärkt sind.

Ju-87 Stukas flying in close support of the German panzers, support the attack of Panzer Group 4. The assault breaks through the Leningrad defensive lines, which are reinforced by dug-in tanks.

Am 11. September werden die Duderhofer Höhen, eine Schlüsselstellung der Leningrader Abwehrfront, von der 1. Panzer-Division eingenommen. Jetzt beginnt die Tragödie: Den Sieg in greifbarer Nähe, wird die Operation auf Leningrad abgebrochen. Gründe hierfür waren der Bedarf an Kräften für die Herbstoffensive auf Moskau und weil große Verluste in der von Kanälen durchzogenen Stadt befürchtet wurden. Der Winter sollte abgewartet werden. Nach Abzug der Panzergruppe 4 wird Leningrad Nebenkriegsschauplatz. Der stürmische Vormarsch der Heeresgruppe Nord endet in der Belagerung der Stadt.

On 11 September, the 1st Panzer Division conquers the Duderhofer Hills, the key position of the Leningrad defense.

Victory is within reach when a tragic command orders the halt of the operation. After the withdrawal of Panzer Group 4, Leningrad is declared a secondary theatre of war. The rapid advance of Army Group North ends with the siege of Leningrad.

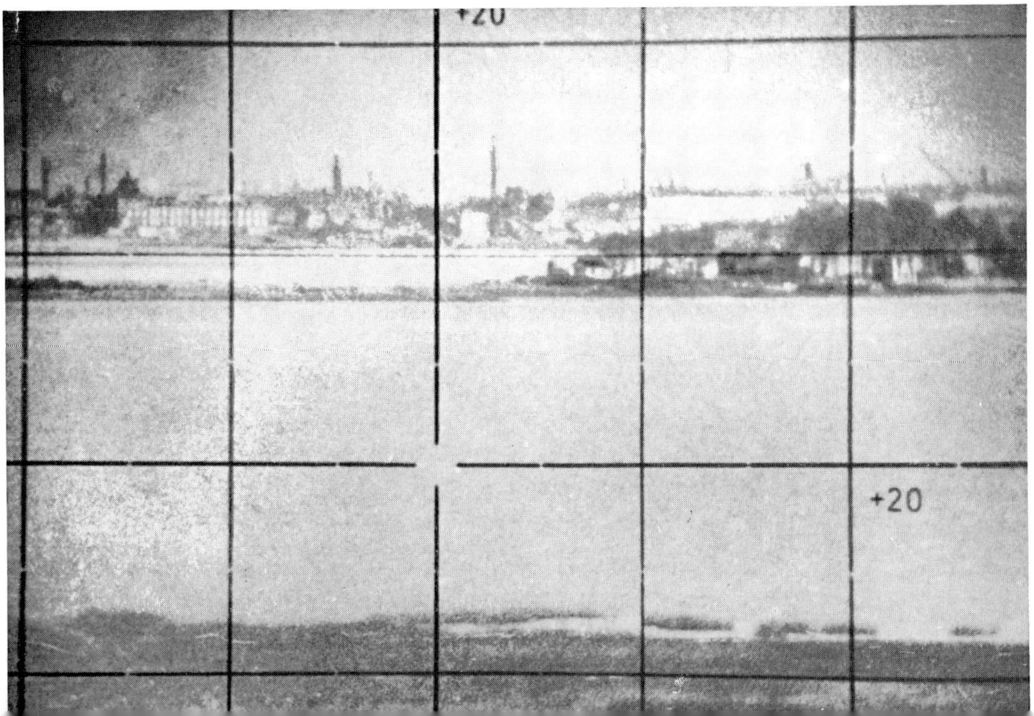

Es folgen 900 Tage Stellungskrieg um Leningrad – Der Belagerer und der Wolchowkämpfer sind nach Abzug der gepanzerten Divisionen in noch vielen schweren Tagen allein auf die gegenseitige Opferbereitschaft und Kameradschaft angewiesen.

The Germans around Leningrad must put up with 900 days of static warfare. During this time, the German soldier is dependent on one another for mutual comradeship and the readiness to sacrifice one's life.

Das Jahr 1942

Durch die Anstrengungen, die winterliche Krise zu meistern, befanden sich zu Beginn des Jahres die im Osten eingesetzten gepanzerten Verbände auf dem Tiefstand ihres Einsatzwertes. Das Frühjahr 1942 erzwang daher einen starken Nachschub an Gerät und neuen Verbänden. Andererseits verlegte eine größere Zahl abgekämpfter Divisionen nach dem Westen, meist Frankreich, um dort aufgefrischt oder umgerüstet zu werden. Neue Panzerdivisionen (22. – 24.) – zum Teil entstanden durch Umrüstung alter nichtgepanzerter Großverbände – tauchten in Rußland auf. Neuaufstellungen gab es auch bei den SS-Divisionen und „Großdeutschland" wurde zur Division erweitert.

Aus diesen Gründen, aber auch bedingt durch die Witterung (das Ende der Schlammperiode war abzuwarten), sah erst der Frühsommer wieder eine starke Konzentration von gepanzerten Truppen; hauptsächlich im Süden der Ostfront. Die Zeitfrage verbot die sich anbietende Möglichkeit, in diesem Jahr defensiv zu bleiben und den Gegner sich durch Angriffsoperationen schwächen zu lassen, um erst danach in einer großen Gegenoffensive eine Entscheidung zu suchen. Bereits für 1943 wurde eine Invasion im Westen erwartet. Deshalb versuchte man 1942 endgültig die Entscheidung gegen Rußland zu erreichen. Der erneute Angriff auf Moskau, wo sich der Gegner mit Sicherheit stellen würde und damit die Hauptkräfte des Feindes zu treffen waren, wurde leider nicht gewählt. Hitler entschied sich für die Flügel: Die Einnahme Leningrads und die Besetzung des Kaukasus. Insbesondere zu letzterem wurden die deutschen gepanzerten Verbände angesetzt. Abgesehen von den quer verlaufenden Strömen – Donez, Don, Wolga, Terek – war es für sie ein ideales Gelände.

The year 1942

The military crisis during the winter of 1941/42 had demanded great efforts from the German armored forces and as a result had reduced their fighting strength to a minimum. However, in the spring of 1942, they were supplied with new reinforcements. Numerous divisions that were battle weary and exhausted were transferred to France for rest or reappraisal. New panzer divisions were formed. Among these, "Großdeutschland" was extended to an SS division.

Due to the above reasons and the weather conditions (rainy period), a concentration of armored forces, primarily in the south of the eastern front, was not planned until the early summer. There was not enough time to profit from remaining in a defensive position during this year and to let the enemy launch exhausting offensive operations. After these operations, a large-scale counter-offensive could bring victory against the weakened enemy. However, the Germans expected an invasion on their western front as early as 1943 and were therefore eager to force a decisive victory in Russia in 1942. Unfortunately, the German command did not initiate the attack against Moscow early enough, where surely the concentration of the enemy's forces could have been engaged. Hitler chose the operations on the flanks: The seizure of Leningrad and the occupation of the Caucasus, where most of the German armored units were assigned. Apart from the great rivers Donez, Don, Volga and Terek, the Caucasus area offered ideal tank conditions.

Der Vorstoß zum Kaukasus

Der Angriff der Heeresgruppe Süd am 28. 6. 1942, der für den Vorstoß zum Kaukasus neben nicht motorisierten deutschen Divisionen Italiener, Ungarn und Rumänen auch die 1. und 4. Panzerarmee unterstanden, führte noch einmal zu Vorstößen, die nach Schnelligkeit und Weite mit denen des vorangegangenen Jahres zu vergleichen waren. Es sollten aber für diesen Krieg die letzten großen Operationen werden. Auch waren sie leider überwiegend nur im Geländegewinn erfolgreich und nicht in der Vernichtung des Gegners, der es diesmal im Gegensatz zum Jahr zuvor gut verstand, sich Umfassungen zu entziehen. Durch den exzentrischen Ansatz nach Osten (Stalingrad) und Süden (Kaukasus) entstanden zudem überdehnte Fronten mit den damit zusammenhängenden Risiken. All das fraß eigene Kräfte, so daß die Vorstöße durch Auszehrung immer langsamer wurden. Zuletzt kam es nur noch zu dem verbissenen, besonders kräfteverschleißenden Ringen um Stalingrad und die Nordausgänge des Kaukasus. Gegen Ende des Jahres wurde die 6. Armee mit Teilen der 4. Pz.Armee um Stalingrad eingekesselt und es gab Rückzugsgefechte nördlich des Kaukasus.

The Thrust to the Caucasus

On 28 June 1942, Army Group South launched the thrust to the Caucasus. The composition of this army group included, among others, Italians, Hungarians, Rumanians and the 1st and 4th German Panzer Armies. The advance developed as well as those of the previous year. It rapidly covered large distances. This last great operation however, only succeeded in winning terrain and not in destroying the enemy. This year, the enemy skillfully withdrew before it could be enveloped. Moreover, the complex operation — to the east (Stalingrad) and to the south (Caucasus) — led to an overextended front and many vulnerable areas which resulted in a slow down of the advance. The operation ended with the exhausting struggles in Stalingrad and in the northern passes over the Caucasus. At the end of the year the 6th Army, along with elements of the 4th Panzer Army, were encircled in Stalingrad. In the northern part of the Caucasus, the Germans were engaged in running battles.

GLIEDERUNG DER PANZERTRUPPE*)
AM 9. JULI 1942

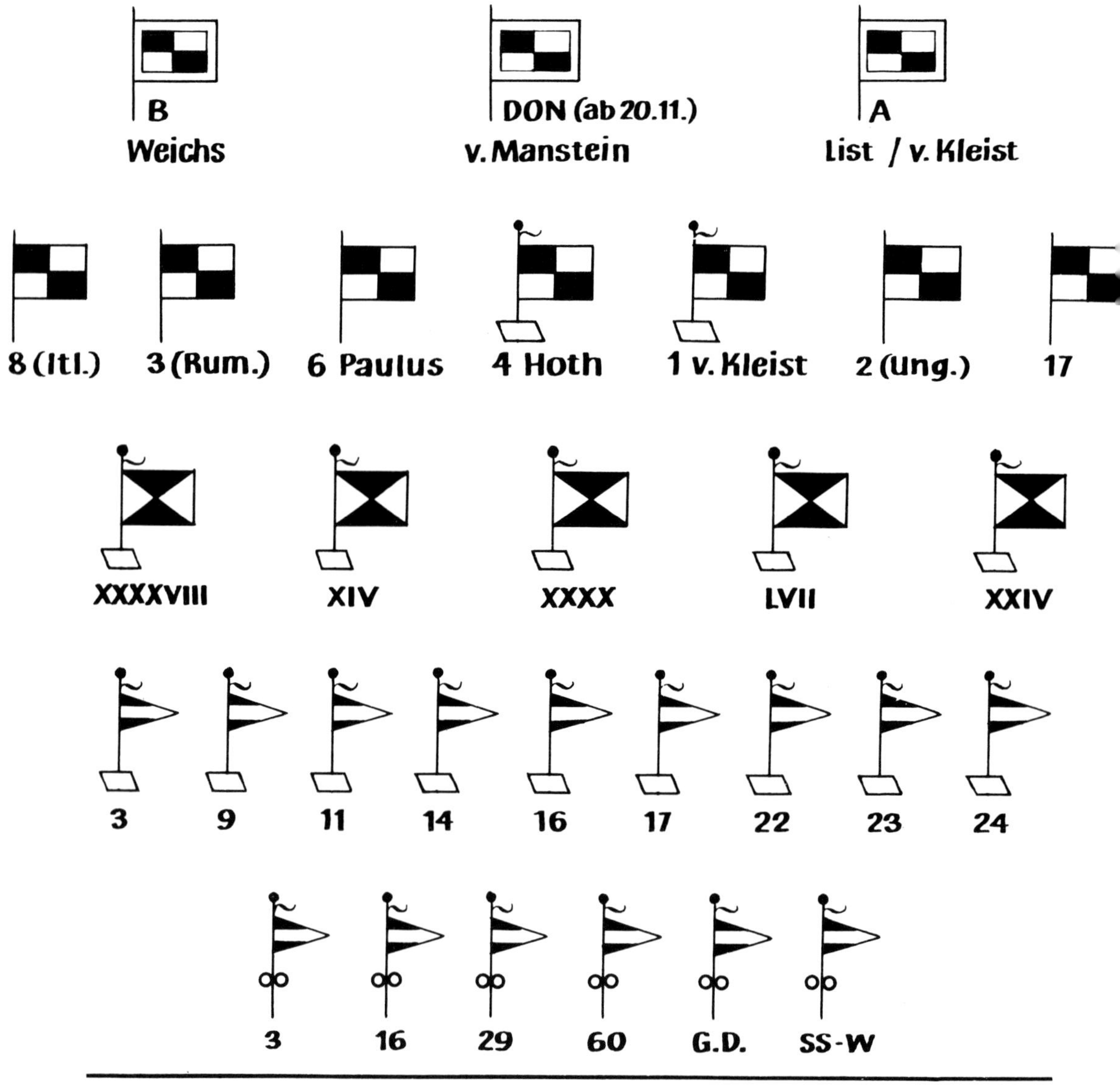

Bis Ende 1942 wurden abgezogen: 9. P.D., 17. P.D und G.D.

Bis Ende 1942 wurden zugeführt: 6. und erneut 17. P.D.

*) Die Unterstellungen der Armeen, Korps und Divisionen wechselten sehr bald und zum Teil mehrfa

RUSSLAND-FELDZUG 1942

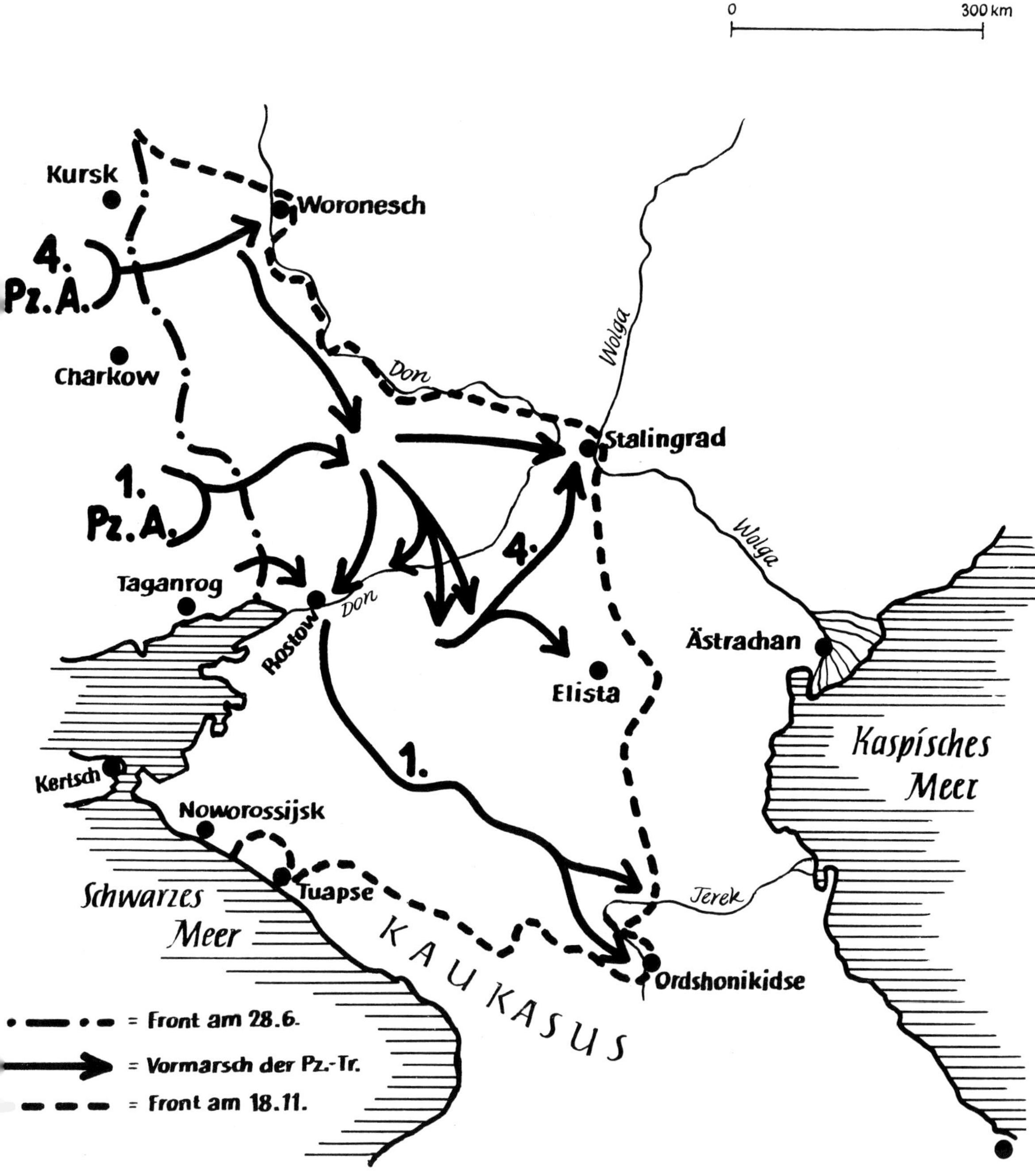

H-1112380
18

Die Kampfstärke der deutschen Panzerarmeen des Jahres 1942 liegt weit unter der des Jahres 1941. Nur die Panzerdivisionen der Heeresgruppe Süd haben nennenswerte Verstärkungen erhalten, die den Divisionen 85 Prozent ihres ursprünglichen Gefechtswertes zurückgeben.

Aber die Heeresgruppe Süd hat Priorität, ihre Operationen sollen im Sommer 1942 die Entscheidung im Rußlandfeldzug herbeiführen. Wo Eisenbahnlinien vorhanden sind, werden neue Kräfte mit Eisenbahntransporten herangeführt: Panzerspähwagen des Kradschützenbataillons „Großdeutschland" (unten).

In den meisten Fällen aber müssen sich die aufmarschierenden Kräfte über ein unzureichendes Straßennetz (links oben) der weiten Ebenen unc durch Dörfer der Ukraine quälen (links unten).

In the year 1942, the German Panzer Armies have a much reduced fighting strength than in the preceeding year. Only the panzer divisions of Army Group South have received reinforcements. This provides them with eighty-five percent of their original fighting strength.

During the summer of 1942, the operations of Army Group South are supposed to lead to the decisive victory of the Russian campaign. Therefore, priority is given to this army group. They are provided with new forces and supplies by railroad, whenever possible: Patrol cars of the Motorcycle Battalion "Großdeutschland" (below).

Usually reinforcements had to be transported over inadequate roads (left page, above) and through villages of the Ucraine (left page, below).

Als Vorausoperation beabsichtigt die deutsche Heeresführung, am 18. Mai den sowjetischen Frontbogen bei Isjum mit den darin enthaltenen sowjetischen Armeen abzuschneiden. Die 1. Panzerarmee (Kleist) mit dem LVII. und III. Panzerkorps soll den nach Norden gerichteten Stoßarm bilden. – Die Panzer bereiten sich auf eine neue Phase des Steppenkrieges vor (rechts).

Die Hauptausstattung der Panzerdivisionen des Jahres 1942 besteht weiter aus den Typen P III und P IV. Um die Unterlegenheit gegenüber dem jetzt in großer Serie produzierten T-34 wenigstens auf der Waffenseite auszugleichen, werden die Typen P IV mit den Kanonen 7,5 Kwk L/48, L/53 und L/70 ausgerüstet (oben: P IV mit 7,5 cm „Stummel" Kwk L/24 und P IV mit 7,5 cm Kwk L/48).

On 18 May, the German Army Command prepares to cut off the Soviet salient near Isjum. This initial operation should encircle several Russian armies. The 1st Panzer Army (under Kleist) leads the thrust in a northerly direction. – The panzers are ready for a new phase of warfare in the steppe (right page).

In the year 1942, the German panzer divisions were primarily equipped with the panzers P III and P IV. In an attempt to compensate for its inferiority against the Russian T-34 (now produced in series), the German P IV's are equipped with 75 Kwk L/48, L/53 and L/70 tank guns. (Above: P IV with 75 mm "Stummel" Kwk L/24 and P IV with 75 mm Kwk L/48)

Überraschend kommt Timoschenko am 12. Mai dem deutschen Angriff zuvor und versucht mit einer Zangenbewegung die Bereitstellung der 6. Armee zu zerschlagen; gleichzeitig wird der strategische Eckpfeiler und die Nachschubbasis Charkow bedroht. Die deutschen Absichten werden trotzdem, aber jetzt nur einarmig, mit der Panzerarmee Kleist durchgeführt. Nach schweren Gefechten nimmt die 14. Panzerdivision am 22. Mai die Verbindung zur 6. Armee auf. Der russische Frontbogen ist durchstoßen. Die deutschen Kräfte bereiten sich zur Abwehr russischer Durchbruchsversuche vor (rechts: Granatwerfertrupp richtet sich in einem Sprengtrichter ein)

On 12 May, before the German attack, Timoschenko attempts a pincer movement in an effort to destroy the positions of the 6th Army and at the same time threaten the strategically important supply basis at Charkow. In spite of this attempt by Timoschenko, the German attack is carried out by the 1st Panzer Army. On 22 May, after fierce fighting, the 14th Panzer Division establishes contact with the 6th German Army, penetrating the Russian salient. The German troops make preparations for the expected attempt by the Russians to break out of the encirclement. (Right: Mortar platoon organizing a position in a crater.)

Zwei russische Armeen kämpfen jetzt mit umgekehrter Front, um die Verbindung mit ihrer Hauptkampflinie wieder herzustellen. Es kommt dabei zu erbitterten Nahkämpfen, aber nur wenigen sowjetischen Einheiten gelingt der Durchbruch zu den eigenen Linien. Die Masse der Truppen (240 000 Mann) und des Materials (1250 Panzer) bleibt im Kessel (oben) zurück.

Der deutschen Führung ist es damit gelungen, aus der Defensive heraus eine Offensive einzuleiten und erfolgreich zum Abschluß zu bringen.

Der Panzerkrieg 1942 ist in vollem Gange.

Fighting in opposite directions, two Russian armies try to reestablish their connection with their main elements. Violent hand-to-hand fighting takes place, however, only a few Russian units succeed in reaching their lines. The bulk of the Soviet troops (240,000 men) and war materiel (1,250 tanks) remain in the pocket (above).

With this succesful operation, the German command was able to turn an originally defensive operation into a victorious offensive. The panzer war of 1942 is in full swing.

Bei allen Abwehrkämpfen der motorisierten Infanterie- und Panzerdivisionen bewähren sich die 8,8 cm Flak Geschütze der Flakabteilungen als beste Panzerabwehrkanonen (links). Das Gegenstück auf sowjetischer Seite, ursprünglich eine deutsche Konstruktion, ist die Flak 7,6 cm M 1938 (unten als Flak). Sie wird bei den sowjetischen Verbänden als Mehrzweckwaffe eingesetzt und hält einem Leistungsvergleich mit der 8,8 cm Flak durchaus stand.

The 88 mm antiaircraft guns (left) prove most effective when employed in a defensive role. Its Russian counterpart is the 76 mm M 1938 (below: Used as an antiaircraft gun), originally a German design. The Russians use it as a multipurpose gun. The following chart compares it with the German gun. It proves the high efficiency of this Russian weapon:

	8,8 cm Flak 18/36	7,6 cm Flak M 1938
Mündungsgeschwindigkeit (m/s) Muzzle velocity	840	813
Kaliberlänge Caliber length	56	52
Schußhöhe, max. (m) Firing elevation	11 000	9 500
Schußweite, max. (m) Firing range	14 900	14 300
Gewicht in Feuerstellung (kp) Weight in firing position	5 000	4 300
Schußfolge (Schuß/min) Rate of fire	12–15	10–12
Geschoßgewicht (kp) Shell weight	9	6,5

Nach der Bereinigung des Isjumer-Bogens bereitet sich die Heeresgruppe Süd zum Durchbruch durch die russischen Linien vor. Die motorisierten Verbände bilden wieder die operative Grundlage.

Fünfzehn motorisierte Infanterie- und Panzerdivisionen gehen in die Bereitstellungen (rechts und oben: Schützenpanzer (Kurz) des Kradschützenbataillons und Panzer des Panzerregiments der motorisierten Infanteriedivision „Großdeutschland").

After having cleared the Russian salient at Isjum, Army Group South prepares to penetrate the Russian lines. Again, the motorized units are supposed to carry the brunt of the battle.

Fifteen motorized infantry and armored divisions move into their assembly positions (above and right page: Armored utility vehicles and panzers belonging to the motorized Infantry Division "Großdeutschland").

2
St
WH-651 557

Unter dem Schutz der Kampfflugzeuge des VIII. Fliegerkorps eröffnet das XXXXVIII. Panzerkorps mit der 16. ID mot., der ID (mot.) „Großdeutschland“ und der 24. Panzerdivision am 28. Juni die erste Phase der Offensive mit Stoßrichtung auf Woronesch.

On 28 June under the cover of the bombers of the VIII Fliegerkorps, the massed forces of armored and motorized German infantry troops begin the first phase of the planned offensive, direction Woronesch.

Am 30. Juni folgt 150 km südlich das XXXX. Panzerkorps (zweite Phase) mit der 29. ID mot., der 23. und der 3. Panzerdivision (oben). Die sowjetische Frontlinie wird schnell durchstoßen (unten). Die 29. ID mot. und die 23. Panzerdivision schwenken nach Norden ein, um mit dem XXXXVIII. Panzerkorps die im Raum Woronesch/Oskol befindlichen Feindkräfte einzukesseln. Kleists Angriff am 9. Juli mit der 1. Panzerarmee bei der Heeresgruppe A leitet die dritte Phase ein.

On 30 June, 150 kilometers further to the south, three other German motorized and armored divisions begin the second phase of the operation (above). The Soviet salient is quickly penetrated (below). Two of the German divisions swing to the north and with the support of the XXXXVIII Panzerkorps, attempt to envelope the enemy forces in the area of Woronesch/Oskol. The attack of 9 July, by the 1st Panzer Army under Kleist (at Army Group A), begins the third phase of the operation.

Die deutsche Panzerwaffe schlägt präzise zu. Die ersten Panzerschlachten werden siegreich entschieden . . .
. . . der weichende Gegner wird verfolgt.

The first panzer battles are won by the Germans . . .
. . . who push forward in pursuit of the withdrawing enemy.

Anfang Juli wird der Don erreicht; mehrere Brückenköpfe werden gebildet (links: Fährübergang des Kradschützenbataillons der Division „Groß-deutschland").

Nach äußerst harten Kämpfen wird Woronesch (unten) am 7. Juli erobert. Damit fällt ein überaus wichtiger Verkehrsknotenpunkt auf der linken Donseite in deutsche Hand.

By the beginning of July, the Don River ist reached; several bridgeheads are established (left: ferry crossing of a motorcycle battalion of the "Groß-deutschland" division).

On 7 July after violent fighting, Woronesch (below) is occupied. This extremely important junction, situated on the left side of the Don, is now in German hands.

Nach der Einnahme von Woronesch dreht die 4. Panzerarmee (Hoth) nach Südosten ein. Seit dem 9. Juli untersteht diese Panzerarmee der neu gebildeten Heeresgruppe B unter Bock, während die 1. Panzerarmee seit dem 7. Juli der Heeresgruppe A unter List angehört. Der kommandierende General der 1. Panzerarmee ist Generalfeldmarschall von Kleist (links), ein kühler Analytiker, der zu den besten Panzerführern des Zweiten Weltkrieges gehört. Während der Feldzüge in Polen und Frankreich hatte er schon seine Fähigkeiten als Führer gepanzerter Truppen unter Beweis stellen können.

After the occupation of Woronesch, the 4th Panzer Army turns southeast. As of 9 July, this panzer army comes under the control of Army Group B (under Bock). After 7 July, the 1st Panzer Army comes under the control of Army Group A (under List). The commanding General of the 1st Panzer Army ist Fieldmarshall von Kleist (left), one of the best panzer commanders of World War II. During the campaigns in Poland and France, he had demonstrated his outstanding qualities as a leader of armored forces.

Der Angriff seines LVII. und III. Panzerkorps überrascht die ihm gegenüberstehenden russischen Einheiten, die sich durch die schnelle Verfolgung der deutschen Truppen teilweise in Auflösung befinden und fluchtartig zurückziehen.
Die Masse der sowjetischen Panzerverbände im Südabschnitt ist jetzt homogen mit dem T-34 ausgerüstet (unten).
The attack of the LVII and III Panzerkorps surprises the enemy units, who then scatter in an effort to escape the pursuing German troops. In the southern sector, the Soviet tank units are now generally equipped with the T-34 tank (below).

Der Weg der schnellen Divisionen der Panzergruppe Kleist, auf dem inneren Bogen der Offensivbewegung, führt durch das Industriegebiet des unteren Donez.

Die Fabrikanlagen sind teilweise von den Sowjets unbrauchbar gemacht worden, um sie für die deutsche Rüstungsproduktion auszuschalten.

During the offensive, the Kleist Panzer Group moves through the industrial area of the lower Donez River. There, the Soviets have destroyed their factories to prevent them from falling into the hands of the Germans.

Da Hitler eine Versteifung des sowjetischen Widerstandes am unteren Don bei Rostow befürchtet und auch einer Beschleunigung der Offensive zum Kaukasus den Vorrang gibt, ändert er den ursprünglichen Plan mit Angriffsschwerpunkt auf Stalingrad und läßt die 1. Panzerarmee auf den unteren Don eindrehen. Zur Verstärkung wird die 4. Panzerarmee aus der 6. Armee herausgelöst, die jetzt ohne Unterstützung durch andere schnelle Verbände auf Stalingrad vorstößt. –

Für die 4. Panzerarmee beginnt der lange Marsch durch den großen Donbogen (oben: Teile des Kradschützenbataillons Großdeutschland).

In der ebenen Weite der ukrainischen Steppe genügt schon die Höhe eines Schützenpanzerwagens als „Feldherrnhügel" (rechts).

Hitler expects increasing Soviet resistance near Rostow. He also gives priority to an acceleration of the offensive on the Caucasus. He therefore changes the original plan of concentrating on Stalingrad and orders the 1st Panzer Army to turn to the lower Don River. For the support of this operation, the 4th Panzer Army is withdrawn from the 6th Army, who advances on Stalingrad alone.
In the plains of the Ucrainian steppe, the height of an armored utility vehicle serves as an observation post (right page).

Die deutschen schnellen Divisionen operieren in einem Gebiet von 500 km Frontbreite und einer Tiefe von 200 bis 400 km. Diese Weiten der Ukrainischen Steppe scheinen die deutschen Divisionen (unten: Teile der 3. Panzer-Division) zu verschlucken. Die Deutschen sind jedoch in der Lage, ein schnelles Tempo vorzulegen und schon Ende Juli den unteren Don zu erreichen.

The German front has now reached a length of 500 kilometers, and a depth of 200 to 400 kilometers. The German divisions seem to vanish in the vastness of the Ucrainian steppe (left: Elements of the 3rd Panzer Division). By the end of July, however, the rapidly advancing German elements succeed in reaching the lower Don River.

Am 22. Juli gewinnen das III. und LVII. Panzerkorps den Stadtrand von Rostow. Diese wichtige Industriestadt, von der aus der untere Don und sein Zugang zum Schwarzen Meer kontrolliert werden, wurde von den Sowjets zu einer Festung ausgebaut.

On 22 July, the III and LVII Panzerkorps reach the outskirts of the important industrial city of Rostow, from which the lower Don and the entrance to the Black Sea can be controlled.

In erbitterten Häuserkämpfen wird der Widerstand kommunistischer Eliteverbände niedergekämpft. Hierbei hat die 13. Panzer-Division besonderen Anteil. Durch den Einsatz von Panzern werden die Widerstandsnester, Häuserblock für Häuserblock, einzeln ausgeschaltet. Am 27. Juli gelingt es hier einen Brükkenkopf über den Don zu bilden. Rostow ist wieder in deutscher Hand.

In the streets of this city, the resistance of the communist élite units must be eliminated through fierce fighting. On 27 July, the Germans succeed in building a bridgehead over the Don River – Rostow is again in German hand.

Schon zuvor waren weiter ostwärts bei Zymlianskaja und Konstantinowka weitere Brückenköpfe über den Don gebildet worden. Das erste operative Ziel der großen Sommeroffensive ist somit erreicht. Der Angriff auf den Kaukasus und die sowjetischen Ölfelder ist in vollem Gange.

Along with the building of other bridgeheads futher in the east, the first major objective of the big summer offensive has been obtained. The assault on the Caucasus and the Russian oilfields proceeds.

Der Vormarsch der deutschen gepanzerten Verbände hat ein starkes Ausmaß angenommen. Die deutsche Panzerführung und der deutsche Soldat setzen neue Maßstäbe. Aber die Siege der letzten Wochen sind nur optische Erfolge. Die Kessel bei Woronesch, Oskol und im Donbogen waren leer. Obwohl die Panzer-Divisionen bis zur physischen Erschöpfung der Besatzungen gefahren sind und gekämpft haben, wiederholen sich die Erfolge vom Vorjahr nicht.

The rapid advance of the German armored units establishes new standards for armored warfare. However, the victories of the last weeks are merely visual successes. The pockets at Woronesch, Oskol and in the bulge of the Don River were empty. Although the panzer divisions have fought to the point of exhaustion, the successes of the previous year cannot be repeated.

Die Rote Armee wendet eine neue Taktik an. Verteidigungsminister Marschall Timoschenko (links) konnte Stalin davon überzeugen, daß die bewegliche Abwehr statt sturer Verteidigung die so dringend benötigte Zeit geben würde, bis die „lend-and-lease" Lieferung der Westalliierten bzw. der Aufbau einer zweiten Front wirksam werden würde.
Unter dem Schutz sowjetischer Nachhuten, die die deutschen Divisionen dauernd in Kämpfe verwickeln, wird die russische Front zusammenhängend zurückgenommen und Umfassungen werden verhindert.

The Red Army employes a new tactic. The Soviet Minister of Defense, Marshall Timoschenko (left), convinced Stalin that a flexible defense would provide its armies with the necessary time needed until the delivery of the Western Allied "lend-and-lease" materiel. Also, time is needed for the establishment of a second front.
The Russian front is withdrawn under the cover of Soviet rear guards who continuously engage the German divisions in fierce combat, thereby preventing German envelopements.

Der Vormarsch der Heeresgruppe B verzögert sich durch Versorgungsschwierigkeiten. Trotzdem gelingt der 3. Panzer-Division am 30. Juli die Eroberung der Brücke und des Dammes über den Manyisch (links), andere Divisionen folgen weiter westlich. Die Schwelle nach Asien ist überschritten.

Supply problems delay the advance of Army Group B. Nevertheless, on 30 July, the 3rd Panzer Division captures the bridge and dam over the Manyisch (left); other divisions follow further west. The Germans have entered Asia !

Eine fremde unbekannte Welt eröffnet sich für den deutschen Soldaten (hier: 3. Pz.Div.). Gegenden mit mannshohem Steppengras wechseln mit öder Wüste. Wasserknappheit und Temperaturen um 50° Celsius erschweren die Gefechtsbedingungen.

A strange, unknown world awaits the German soldier: Areas with six feet high steppe grass, vast deserts, water shortages, and temperatures of 50 degrees Celsius add to the difficult combat conditions.

Die Begegnung gepanzerter Kampffahrzeuge mit Kamelen, dem klassischen Transporttier der äußeren Tropen, verdeutlicht die Tatsache, daß deutsche Soldaten nun auch jenseits der europäischen Grenzen im Kampf stehen.

This picture makes it plain that German soldiers are fighting beyond the European borders.

In dieser Gegend stellt sich eine Gruppe abenteuerlicher Gestalten den Deutschen als Alliierte zur Verfügung. Eine Schwadron Kubankosaken wird in das XXXX. Panzerkorps eingegliedert. Sie kämpfen treu auf deutscher Seite bis zu ihrem Untergang.

In this area, a group of adventurous Kuban Cossacks become allies with the Germans. Their squadron is assigned to the XXXX Panzerkorps. They loyally fight on the German side.

Durch die Rückführung der 4. Panzerarmee – das XXXX. Panzerkorps ist allerdings davon nicht betroffen – in den Bereich der 6. Armee wird der Zusammenhang der Heeresgruppe A gefährlich überdehnt. Die verbliebenen, geschwächten zwanzig Divisionen verteilen sich über eine Frontlänge von fast 1000 Kilometern. Dessen ungeachtet wird versucht, die Offensive planmäßig voranzutreiben. Die Ereignisse bei der 3. Panzer-Division stehen jetzt stellvertretend für die außergewöhnlichen Leistungen der gepanzerten deutschen Divisionen an der Kaukasusfront:

Nach dem Übergang über den Manyisch jagen die gepanzerten Fahrzeuge über die gelbe Erde der Kalmückensteppe. Die einzige Verbindung sind einzelne Aufklärer, die ihre einsamen Kreise in der sonnendurchglühten Luft ziehen (oben).

Necessary reorganizations endanger Army Group A. Twenty weakened German divisions are dispersed over a lenght of almost 1000 kilometers. Nevertheless, the Germans attempt to drive the offensive ahead as planned.

The actions of the 3rd Panzer Division, described in the following, is representative for the outstanding performance of the armored German units at the Caucasian front: After crossing the Manyisch, the armored vehicles dash over the yellow soil of the Kalmücken steppe. Single reconnaissance aircraft (above) is their only connection with the German lines.

Am 2. August wird Iku-Tuktum erreicht. Einen Tag später werden russische Einheiten in Woroschilowsk überrascht und niedergekämpft, die Stadt eingenommen und trotz Gegenangriffe gehalten.

Die Offiziere führen ihre Kompanien, Abteilungen und Regimenter aus den Funkpanzern von vorn (links: Major v. Cochenhausen mit Adj. Ltn. v. Berg) . . .

On 2 August, they reach Iku-Tuktum. One day later, they surprise and defeat Russian units in Woroschilowsk. The city is occupied and in spite of counterattacks, the Germans hold it.

Companies, units, and regiments are guided by officers in advanced radio panzers. As they move through the steppe . . .

. . . und unvermittelt erhebt sich das Bergmassiv des Vorkaukasus aus dem Dunst der Steppe.

. . . suddenly, the giant mountains of the Causasus appear on the horizon.

Das Göttergebirge des klassischen Griechenland ist im Griff der deutschen Panzer.

The Mountains of the Gods of Ancient Greece are within reach of the German panzers.

Am 8. August wird Pjatigorsk erreicht. Der noch aus der Zarenzeit stammende elegante Kurort wird kämpfend durchfahren. In einer Woche hat die 3. Panzerdivision 400 km zurückgelegt, 260 km sind es nur noch bis zur türkischen Grenze. Die Division nähert sich dem Terek.

On 8 August, the Germans reach Pjatigorsk, an elegant spa founded during the era of the great Czars. Within one week, the 3rd Panzer Division has covered 400 kilometers. They are 260 kilometers from the Turkish border and approaching the Terek River.

Ende August erlahmt der Angriffsschwung der deutschen Panzer-Divisionen. Die Versorgungslinien zur deutschen Front sind so weit auseinandergezogen, daß die deutschen Nachschubkolonnen mehr Treibstoff verbrauchen, als sie zu transportieren in der Lage sind. Kamelkarawanen ersetzen teilweise die motorisierten Kolonnen. In einem letzten Anlauf erobert die 3. Panzer-Division am 25. August nach heftigen Straßenkämpfen Mosdok und erkämpft Ende August einen Brückenkopf über den Terek. Deutsche Pioniere errichten über ihn die östlichste deutsche Kriegsbrücke des Zweiten Weltkrieges (unten).

By the end of August, the momentum of the German armored advance slows down. Due to the enormous distances to their lines, the German supply columns use up more gasoline than they are able to transport. Camel caravans partially replace motorized columns. On 25 August after heavy street fighting, the 3rd Panzer Division occupies Mosdok and later captures a bridgehead over the Terek. In so doing, German engineers establish the bridgehead which is the deepest penetration in the east during World War II (on the right).

Aus diesem Brückenkopf heraus bereiten sich Spähtrupps zu bewaffneter Aufklärung vor (links) und bringen nach erfolgreicher Durchführung der Aufgabe Gefangene zurück (unten).

From this bridgehead, scouting parties conduct reconnaissance missions (left) and successfully return with prisoners (below).

Zu den letzten Abenteuern des Zweiten Weltkrieges zählten die Fernerkundungsunternehmen: Die Offensivrichtungen der Heeresgruppen A und B strebten exzentrisch nach Nordosten bzw. Südosten auseinander. Aus diesem Grund entstand zwischen dem Terek und der unteren Wolga eine Frontlücke von ungefähr 500 km, die von der 16. motorisierten Infanteriedivision nur notdürftig überwacht werden konnte.
Um eventuelle Angriffsabsichten des Gegners festzustellen, wurde eine Fernerkundungsgruppe, bestehend aus drei Gruppen, ausgerüstet, die im September von Elista aus über Hunderte von Kilometern gleichzeitig in Richtung Kaspisches Meer, Astrachan und untere Wolga aufklärten. – Das Unternehmen verlief erfolgreich.

One of the last adventures of World War II was the long-range reconnaissance missions: As the Army Groups A and B advanced to the nordheast and respectively, a front gap of approximately 500 kilometers was formed between the Terek River and the lower Volga. This wide gap had to be controlled Southeast by the 16th Motorized Infantry Division. For early information in regard to the enemy's intentions, a long-range reconnaissance troop was established. The troop existed of three groups which, beginning in September from Elista, simultaneously performed their missions over hundreds of kilometers. This led them to the Caspian Sea, to Astrachan and to the lower Volga. – The mission was successful.

Die Aufklärungstrupps waren für eine bewaffnete Aufklärung u. a. mit Krädern, dem Schützenpanzerlang (Sd Kfz. 250/9) und dem damals wohl besten aber technisch aufwendigsten schweren Panzerspähwagen ausgerüstet.

Links: SPw-lang

Oben: Schwerer Panzerspähwagen 8 x 8 mit 1 x 2 cm Kwk 38 und 1 MG, Gew. 8,5 t. Höchstgeschwindigkeit 80 km/h.

For an armored reconnaissance mission this troop was equipped with (a. o.) motorcycles, long armored utility vehicles and the heavy armored utility vehicles (at that time the best although the most technically complicated).

Left: Long armored utility vehicle.

Above: Heavy armored utility vehicle with 20 mm tank gun 38 and one machine gun; weight 8.5 tons; top speed 80 km/h.

Timoschenko bringt die russische Front zum Stehen. Nachschub, der über das Kaspische Meer herantransportiert wird, verstärkt die russischen Truppen, die nunmehr zu Gegenangriffen übergehen und der 3. Panzer-Division zunehmende Verluste zufügen (oben: Schützenpanzer der 3. Panzer-Division ist auf eine Mine gefahren).

Schließlich ist die Kraft der 3. Panzer-Division (und aller anderen Divisionen) erschöpft. Ihr Vormarsch endet an der grusinischen Heerstraße. Schützenpanzer werden eingegraben (unten).

Timoschenko stabilizes the Russian front. The Soviet troops receive reinforcements over the Caspian Sea and cause increasing losses by counterattacks on the 3rd Panzer Division (above: Armored utility vehicle of the 3rd Panzer Division has hit a mine).

Finally, the power of the 3rd Panzer Division (and all other divisions) is exhausted. The advance ends at the Grusinian Highways.

Below: Armored utility vehicles in a trench.

Der Kampf um Stalingrad

Während der rechte Teil der Heeresgruppe Süd mit der 17. Armee und 1. Panzerarmee in Richtung Kaukasus vorstieß, kämpfte sich die Heeresgruppe B mit der 4. Panzerarmee und 6. Armee langsam über und südlich des Don auf Stalingrad vor. Am 25. 8. wurde der Westrand der Stadt erreicht und diese in schweren, krisenreichen Kämpfen von Süden, Westen und Norden eingeschlossen. Hitler wie Stalin ging es hierbei auch um Prestige; die Kämpfe wurden härter und immer weitere Truppen zugeführt und dadurch andere Fronten geschwächt.

Am 19. 11. brachen russische Gegenangriffe bei den schwachen, nur von Rumänen gehaltenen Fronten nördlich und südlich der Stadt durch. Zwei Tage später kam es zur Einschließung der Stadt und damit der 6. und großen Teilen der 4. Pz.Armee. Ein Ausbruch wurde untersagt. Der Entsatzangriff – angesetzt mit zu schwachen Kräften – schlug fehl. Am 2. 2. 1943 ergaben sich die letzten Truppen im Kessel, insgesamt 90 000 Mann. Die 14., 16., 24. Panzerdivision sowie 3., 29. und 60. Panzergrenadierdivision hörten auf zu bestehen.

The Battle of Stalingrad

As the right element of Army Group South along with the 17th Army and the 1st Panzer Army, advanced to the Caucasus, Army Group B, along with the 4th Panzer Army and the 6th Army, slowly fought its way over the Don River to Stalingrad. On 25 August, the city was reached and encircled. Due to prestige of Stalingrad, both Hitler and Stalin increased their concentration of forces at this city thereby weakening their other fronts. On 19 November, Russian counterattacks penetrated the weak Rumanian front in the north and south of the city. Two days later, the city was encircled by the Russians. Inside were the 6th German Army and large elements of the 4th Panzer Army. Any attempt to break out of the encircled city was forbidden by the high German command. A relief action failed because the employed forces were too weak. On 2 February 1943, the last of the German troops totaling 90,000 men, surrendered. The 14th, 16th and 24th Panzer Divisions and the 3rd, 29th and 60th Armored Infantry Divisions became extinct.

KÄMPFE ZWISCHEN DON UND WOLGA DEZEMBER 1942

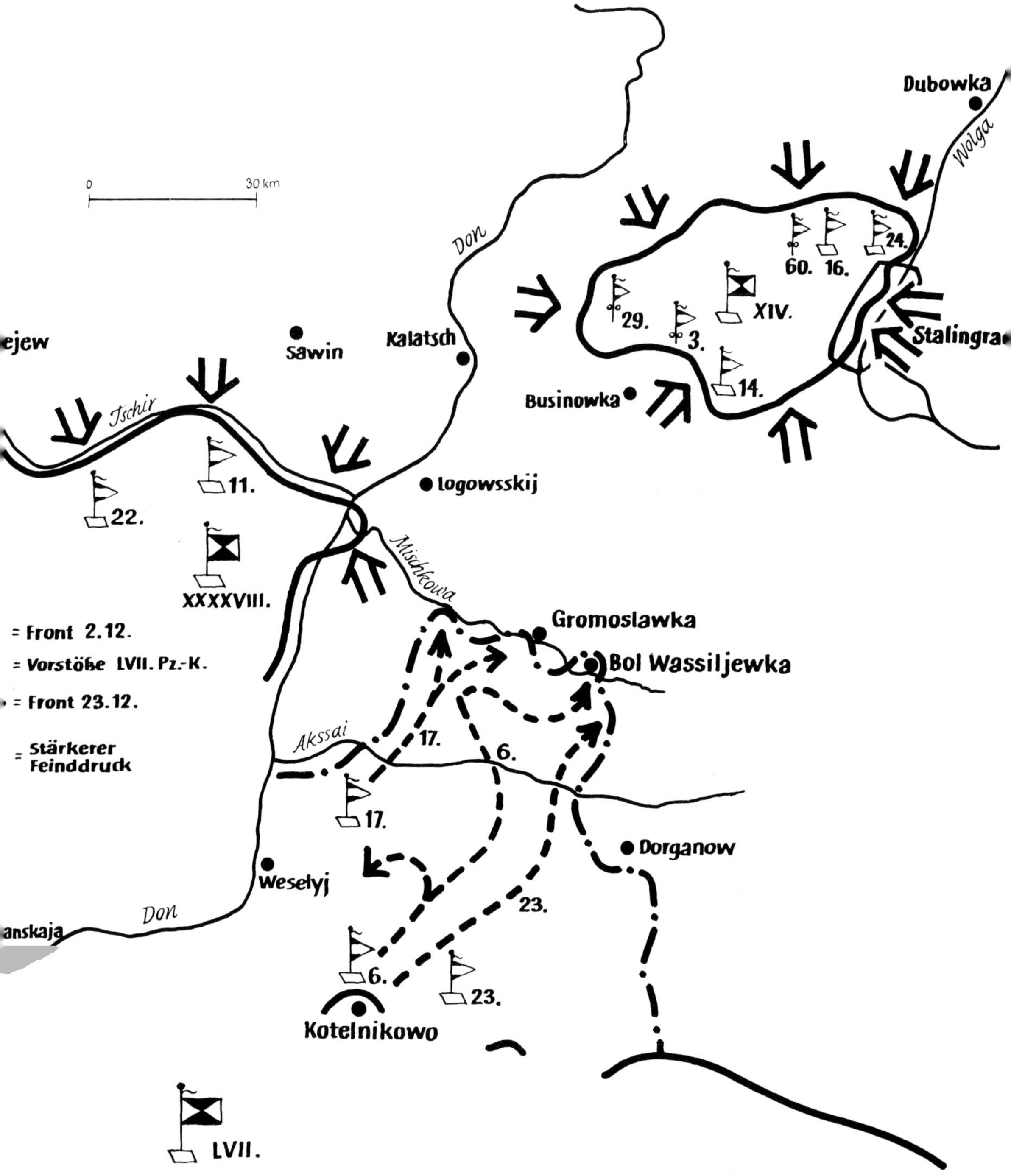

Für die Planungen zur Sommeroffensive von 1942 war Stalingrad nur von sekundärer Bedeutung. Erst nach einer unvorhergesehenen Eskalation von Kräften und Anstrengungen, ohne operative Notwendigkeit, kommt es zur Schlacht um Stalingrad. Die 4. Panzerarmee geht mit ihren Panzer-Divisionen in die Bereitstellungen der ukrainischen Steppe (oben), um in einem Vorstoß entlang des Don und der unteren Wolga den Flankenschutz der Heeresgruppe Süd zu übernehmen.

Mehrere Tausend Tonnen Stahl und fast 100 000 PS einer voll ausgerüsteten Panzer-Division auf dem Kriegsmarsch (rechte Seite, unten) oder während der Entfaltung zum Kampf (rechte Seite, oben) vermitteln einen unvergeßlichen Eindruck von Technik und Kampfkraft.

Aber nur der organische Zusammenhalt einer Panzer-Division, dem Willen ihres Panzerführers unterworfen, garantiert Stoßkraft, Beweglichkeit und Erfolg! Das ist auch noch im Jahr 1942 das Geheimnis der Überlegenheit der deutschen gepanzerten Divisionen.

Although Stalingrad was of secondary importance in the planned summer offensive of 1942, an unpredictable escalation of activity in this area without direct operational necessity led to the battle of Stalingrad. The 4th Panzer Army, along with its panzer divisions, move into their positions in the Ucrainian Steppe (above). This is done in an effort to cover the flank of Army Group South as they advance along the Don and the lower Volga Rivers. Several thousand tons of steel and almost 100,000 horsepower constitute a fully equipped panzer division. Shown is the division (right page, below) approaching its assembly area. Also shown is a division (right page, above) preparing for combat. These pictures give a unique impression of the technique of massed armor and the fighting power of a panzer division. However, only its unique organization in conjunction with the leadership of its chief guarantees the effective utilization of the striking power and mobility which leads to success! This is the secret of the superiority of the armored German divisions.

Am 13. Juli wird die 4. Panzerarmee der neu gebildeten Heeresgruppe A unterstellt. Bei der 6. Armee verbleibt das XIV. Panzerkorps mit der 16. Panzer-Division sowie der 3. und 60. I.D. mot., außerdem die 24. Panzer-Division vom XXIV. Panzerkorps (siehe hierzu auch: Der Vorstoß zum Kaukasus!). Die Hauptlast des Kampfes liegt auf den wenigen schnellen Divisionen, die den Krieg durch brennende Ortschaften der Ostukraine tragen (oben). Erst bei Kalatsch, wo der Don nur 60 km von Stalingrad und der Wolga entfernt ist, haben die Sowjets eine starke Riegelstellung aufgebaut. Sie soll den deutschen Divisionen den Weg nach Stalingrad versperren. Während der harten Kämpfe um Kalatsch gelingt es der 16. und 24. Panzer-Division, den größten Teil der sowjetischen 62. Armee und die 1. Panzerarmee einzuschließen. Nach Abschluß der Kämpfe bedecken Hunderte von verlassenen oder zerstörten sowjetischen Panzern die Ebene in dem großen Donbogen. Hier heben gefangene Rotarmisten Schützenlöcher in unmittelbarer Nähe ihres zerstörten T-34 aus. Die zusätzliche Bewaffnung des deutschen Postens mit zwei Pistolen ist bemerkenswert.

By the middle of July, the panzer armies must undergo some necessary reorganisations. (Also read: The thrust to the Caucasus!).

The brunt of the fighting is done by the few mechanized divisions who carry the war through the burning villages of the East Ucraine (above). At Kalatsch, where the Don River is only sixty kilometers from Stalingrad and the Volga, the Soviets have built a very strong defensive position. They are determined to stop the German advance on Stalingrad. During the fierce fighting around Kalatsch, the 16th and 24th Panzer Divisions succeed in encircling the main elements of the 62nd Soviet Army and the 1st Tank Army.

At the end of the battle, hundreds of destroyed or abandoned Soviet tanks are scattered over the plain of the large Don bow. The photo shows Soviet prisoners digging foxholes beside their destroyed T-34. One German guard carries an additional pistol, a captured Soviet model.

Bis zum 22. August können die Deutschen einen Brückenkopf über den Don bilden, aus dem am 23. der direkte Angriff auf Stalingrad eröffnet wird. Schon zwei Tage später erreichen die Spitzenfahrzeuge der 16. Panzer-Division, nachdem sie sich durch das Vorfeld von Stalingrad gekämpft haben, das Westufer der Wolga und den äußeren Nordrand der Stadt.

Ein historisches Foto: Die Sonne liegt auf der weiten Ebene der Ukraine und dem Wasser der Wolga. Die geöffneten Luken des Panzerspähwagens und der aufrecht stehende und beobachtende Soldat vermitteln ein fast friedliches Bild ...

... aber der Untergang der 6. Armee in Stalingrad hat bereits begonnen.

The attack on Stalingrad starts on 23 August. Two days later, the Germans reach the western banks of the Volga and the northern outskirts of the city.

A historical photo: The sun lies peacefully on the plains of the Ucraine and the Volga river as a German soldier attentively watches the scene from his armored reconnaissance vehicle.

... however, the first phase of the fall of the 6th German Army at Stalingrad has already begun. The following weeks will bring fierce fighting within the defensive positions of Stalingrad.

Während der nächsten Wochen toben die Kämpfe um den Verteidigungsgürtel von Stalingrad. Die Panzer-Divisionen beißen sich an dem Stellungssystem fest; jede Feldbefestigung muß einzeln niedergekämpft werden.

Ein Sturmgeschütz rollt zur Unterstützung eines festsitzenden Infanterietrupps vor. Das Gelände liegt unter dem Feuer von Artillerie (linke Seite, unten).

Ein Artillerie-Einschlag explodiert in unmittelbarer Nähe. Unbeirrt rückt das Fahrzeug weiter vorwärts. Es ändert seinen Kurs, ruckt etwas nach rechts (oben), . . .

. . . noch etwas mehr, und – feuert ! (unten).

The photos on the left page, below and above demonstrate a combat situation:
An assault gun moves through enemy artillery fire in order to support a surrounded infantry unit (left page, below).

. . . An artillery explosion nearby does not halt the vehicle, which only turns slightly to the right (above) . . .
. . . it turns a little further and – fires! (below).

Umseitig: Stalingrad – hinter dieser Kulisse von dunklen Qualmwolken spielt sich innerhalb der nächsten Monate der Untergang einer Armee ab, der mit zum Anlaß des militärischen Niedergangs der deutschen Armee im Zweiten Weltkrieg wird. Die Erinnerungen und Reaktionen, die der Name dieser Stadt auslöst, werden beim Betrachten dieses Bildes nachempfunden.

On the next page: Stalingrad – in the next months, this scenery now enveloped by dark smoke clouds, will witness the fall of an army. Its destruction is one of the main reasons for the military defeat of the German Army in World War II. The memories and feelings that the name of this city recalls are incorporated in the impression that this picture gives to the viewer.

Erst nachdem die 4. Panzerarmee Anfang August der Heeresgruppe B unterstellt worden ist und ebenfalls auf Stalingrad angesetzt wird, sind genügend Kräfte vorhanden, um die Stadt auch von Süden in die Zange zu nehmen.

Mit Unterstützung der Luftwaffe, die teilweise über 1 000 Tageseinsätze fliegt, wird Anfang September der Stadtrand von Stalingrad erreicht und die Zange um Stalingrad geschlossen.

In the beginnig of August the 4th Panzer Army, assigned to Army Group B, is sent to support the forces around Stalingrad. At this time the city can also be attacked from the south. In the beginning of September the German troops, supported by the Luftwaffe are able to close the ring around Stalingrad.

Jetzt beginnen die monatelangen Straßenkämpfe in Stalingrad, Panzer werden im Häuserkampf eingesetzt. Das Traktorenwerk, die Geschützfabrik, das Metallurgische Werk, die Bahnhöfe und der Getreidesilo in der Südstadt werden Mittelpunkte des Widerstandes und zu Begriffen der Weltkriegsgeschichte. 21 Divisionen, davon sechs Panzer- und Panzergrenadier-Divisionen, werden auf deutscher Seite nach und nach in die Schlacht geworfen. In Stalingrad entsteht auf beiden Seiten eine Kräftekonzentration, wie sie während des ganzen Zweiten Weltkrieges nicht mehr erreicht wird.

During the next few months of combat, twenty-one German divisions, including six panzer and armored infantry divisions, are put into action fighting for every street, factory and train station of the city.

Der neu ernannte sowjetische Befehlshaber der 62. Armee, General Tschuikow, hat von Chruschtschow den Auftrag erhalten, Stalingrad „bis zur letzten Patrone" zu verteidigen. Gemäß diesem Befehl wird jeder Häuserblock dieser Riesenstadt bis zum letzten Mann umkämpft.

The new Soviet commander of the 62nd Army, General Tschuikow, has received orders from Krushchev to hold the city "until the last bullet". He carries out this order to the extent that every street of his large city must be seized by hand to hand fighting.

Zum besonderen Symbol des sowjetischen Widerstandes wird der Getreidesilo in der Südstadt. Seine Stahlbetonkonstruktion gibt diesem Bauwerk den Verteidigungswert eines Forts. Stoßtrupps der 14. Panzer-Division, der 29. ID. mot. und der 94. ID. müssen sich acht Tage lang durch den stickigen Qualm des Getreidesilos von Stockwerk zu Stockwerk durchkämpfen, ehe sich am 22. September die letzten Verteidiger ergeben. Ein ganzes sowjetisches Bataillon findet in dem Betonklotz seinen Untergang. Damit bricht die Verteidigung im Süden zusammen. Ein paar Tage später erlischt auch der Abwehrkampf im Zentrum von Stalingrad. General Tschuikow hatte schon einige Tage vorher seinen Gefechtsstand und damit den Schwerpunkt der Verteidigung in die Nordstadt verlegt.

The grain silo in the southern part of the city becomes a symbol of the Soviet resistance; on 22 September, one whole Russian battalion is destroyed inside this silo. This leads to the end of the Russian defence in the south.

A few days later, the center of Stalingrad is in German hands. Prior to this, General Tschuikow had repositioned the concentration of his defensive effort to the north.

Die Kämpfe im Norden der Stadt sind die blutigsten des ganzen Krieges. Tausende sterben auf wenigen 100 Metern Frontlänge. Die Russen bringen es immer wieder fertig, während der Nacht Verstärkungen über die Wolga zu transportieren. Dennoch gelingt es, bis Anfang November die gegnerischen Verteidigungskräfte auf einige 100 Meter Steilufer und in ein paar Fabrikhallen zusammenzudrängen.

Zwei Monate dauern jetzt schon die Kämpfe in Stalingrad, als am 18. November nochmals Anstrengungen zur Beseitigung des letzten gegnerischen Widerstandes unternommen werden. Diese letzten deutschen Angriffsunternehmungen werden jedoch schon wenige Stunden später von den Ereignissen überrollt.

The fighting in the north of the city becomes the bloodiest of the whole war. Again and again during the night, the Russians succeed in bringing up reinforcements over the Volga River. In the beginning of November, the Germans are able to push the enemy back into a small area, consisting of a few hundred yards of steep banks and some factory buildings. The battle of Stalingrad has lasted for two months.
On 18 November, the last enemy resistance has been destroyed. A few hours later, this final German success becomes unimportant due to the turn of the strategic situation.

On 19 November, several large Soviet units coming from the northwest have launched a counterattack in the direction of Stalingrad and the vital Don crossing near Kalatsch. One day later, an attack from the south divides the 4th German Panzer Army. This successful Russian operation leads to the encirclement of Stalingrad on 22 November. General Paulus asks for permission to break out of the pocket, however, Goering promises a daily supply of 500 tons by air transport and therefore orders the Germans to remain in Stalingrad. The maximum this daily supply actually reached is almost 300 tons. The daily average is below 70 tons.

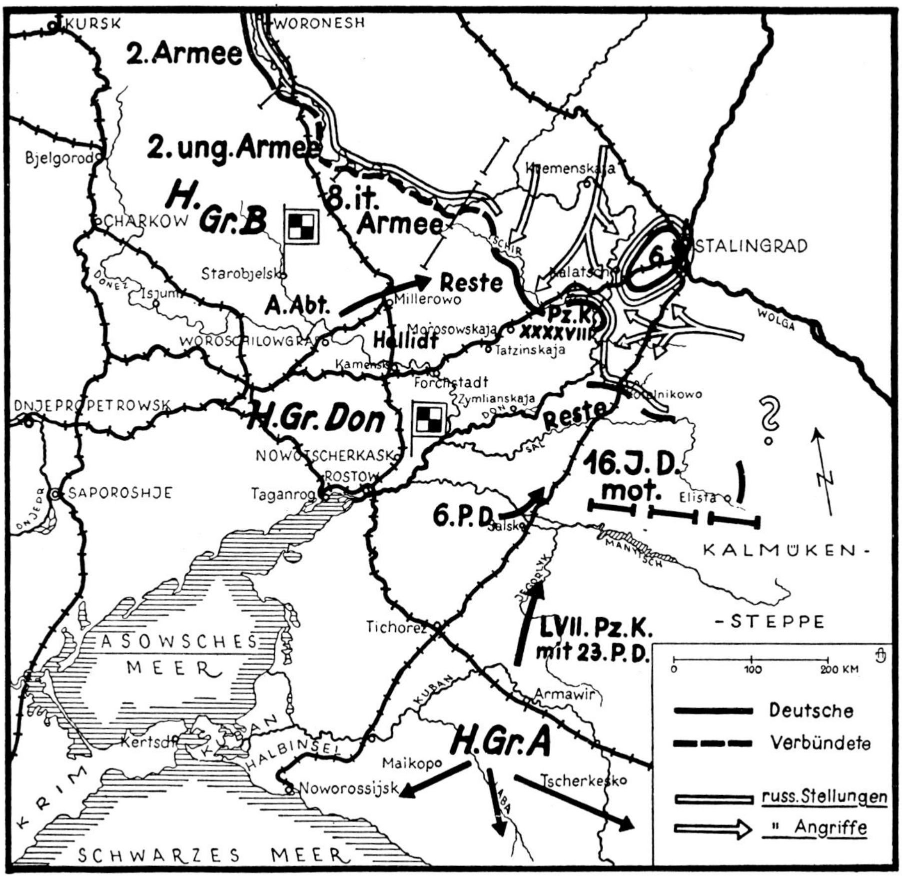

In einem großangelegten Gegenangriff haben am 19. 11. mehrere sowjetische Großverbände nordwestlich von Stalingrad im Bereich der 3. Rumänischen Armee die deutschen Linien überrannt. Der Hauptstoß ist auf Stalingrad und den lebensnotwendigen Donübergang bei Kalatsch gerichtet. Einen Tag später wird die andere Zangenbewegung südlich von Stalingrad bei der sich panikartig auflösenden 4. Rumänischen Armee eingeleitet. Sie teilt die 4. Panzerarmee und vereinigt sich am 22. November bei Kalatsch mit dem nördlichen Stoßarm. Der Ring um Stalingrad ist geschlossen. Am selben Tag erbittet Paulus die Weisung zum Ausbruch aus dem Kessel.
Am 24. erhält Paulus von Hitler den Befehl, Stalingrad zu halten, nachdem er von Göring die Zusage erhalten hat, daß Stalingrad mit täglich 500 Tonnen Nachschubgütern aus der Luft versorgt werden kann. Auf einer kurzen Luftbrücke wird von jetzt an der Kessel von den Transportstaffeln (unten) der Luftwaffe versorgt. Trotz pausenloser Einsätze gelingen aber nur maximale Tagesleistungen von knapp 300 Tonnen. Der Tagesdurchschnitt liegt unter 70 Tonnen.

In the meantime, after some necessary reorganization, Fieldmarshall von Manstein, leader of the newly founded Army Group Don, receives orders to stabilize the critical situation. On 12 December, the German relief operation begins. The Russians are surprised. One day later, the German relief troops are able to cross the Aksai on an auxiliary bridge (below). On 19 December, the 6th Panzer Division is fifty kilometers from Stalingrad. Manstein now orders the break-out of the 6th Army. Waiting for Hitler's consent, General Paulus hesitates before taking any action. Suddenly, the front in the area of the 8th Italian Army collapses.

In der Zwischenzeit wurde Feldmarschall v. Manstein beauftragt, die Lage vor Stalingrad zu stabilisieren, dazu übernahm er die Führung der neu gegründeten Heeresgruppe Don. Die 4. Panzerarmee soll mit neu herangeführten Kräften die Verbindung zur 6. Armee wieder aufnehmen. Schlechtes Wetter und Versorgungsschwierigkeiten verzögern jedoch den Beginn des Unternehmens. Am 12. Dezember beginnt endlich die Entsatzoperation mit der 6. und der geschwächten 23. Panzer-Division, zu denen ab 19. Dezember noch die ebenfalls abgekämpfte 17. Panzer-Division hinzukommt. Der Russe ist überrascht, wo er sich stellt, wird er geworfen, einen Tag später wird der Aksai auf einer Notbrücke überschritten (unten). Am 19. Dezember erreicht die 6. Panzer-Division Wassilew und steht nur noch 50 km von der Stalingradfront entfernt. Manstein befiehlt jetzt den Ausbruch der 6. Armee. Da Hitlers offizielle Zustimmung fehlt, zögert Paulus eine Entscheidung hinaus, die ihm dann durch den Zusammenbruch der Front bei der 8. Italienischen Armee abgenommen wird.

Die 6. Panzer-Division muß daraufhin nach Nordwesten abdrehen, um den unteren Tschir gegen Einbrüche sowjetischer Offensivkräfte abzuriegeln. Die 4. Panzerarmee muß sich am 24. Dezember unter dem Druck sowjetischer Panzereinheiten zurückziehen. Es besteht keine Aussicht mehr auf erfolgreichen Entsatz oder Ausbruch. Die 6. Armee muß ihrem Schicksal überlassen werden.

Now, both the 6th Panzer Division and the 4th Panzer Army are forced to retreat, due to the increasing pressure of the Russian offensive. The 6th Army inside of Stalingrad is left to face its fate. There is no hope for a successful relief or break out from Stalingrad.

Die Schlacht um Stalingrad ist damit beendet, der Rest ist Agonie und dauert noch bis zum 2. Februar 1943.

Stalingrad ist der Anlaß für die Wende des Zweiten Weltkrieges. Viel schwerer als die Menschen- und Materialverluste ist die psychologische Auswirkung dieser Schlacht: Während sich bei deutschen Verbänden das erste Mal in größerem Umfang panikartige Auflösungserscheinungen zeigen und eine eingeschlossene Armee nicht wieder befreit werden konnte, hat die Rote Armee ihre erste Großoperation zu Ende geführt.

Paulus hatte seinerzeit als hervorragender Generalstäbler an der Ausarbeitung des Planes für den Feldzug in Rußland mitgearbeitet. Nun wird ihm bei der Verteidigung von Stalingrad Unentschlossenheit vorgeworfen; später, als er die Gefangenschaft dem Freitod vorzieht, wird er sogar der Feigheit bezichtigt. Doch retrospektive Betrachtungen sind leichtes Urteilen.

Inmitten des Chaos beweist Hauptmann Grosse Herzensgröße und abendländisches Kulturbewußtsein, als er, selbst schwerkrank, das Bild der „Madonna von Stalingrad" als Vermächtnis der 16. Panzer-Division aus dem Kessel bringt.

This is the end of the battle of Stalingrad. Remaining is an agony that will last until 2 February 1943.
Stalingrad is the turning point of World War II. Worse than the heavy losses is the psychological effect of this defeat: For the first time, the Russian superiority and the successful performance of a large-scale operation led to the disintegration and scattering of the German troops.
As a member of the general staff, Paulus among others had worked on the plans for the Russian campaign. Now, in the defence of Stalingrad, he is accused of irresolution.
Amidst the chaos, Captain Grosse, although seriously wounded, is able to secure the picture of the "Madonna of Stalingrad" (painted by a German soldier), and bring it out of the encircled city. The "Madonna of Stalingrad" is the legacy of the 16th Panzer Division.

Das Jahr 1943

Das Jahr 1942 hatte nicht die erwartete Entscheidung gebracht. Im Gegenteil, an allen Fronten, insbesondere im Süden, mußten zu Beginn des Jahres 1943 die eigenen Kräfte weiterhin vor einem verstärkten Gegner weichen. Durch den Ausfall der 6. deutschen sowie der Armeen der Rumänen, Italiener und Ungarn wurde es zu einem Jahr der Krisen, Improvisationen und Rückschläge. Dazu traten außerhalb Rußlands die USA verstärkt in den Krieg, endete der Feldzug in Afrika mit einer Kapitulation starker Kräfte, und glückte den Alliierten der Sprung nach Italien.

In Rußland gingen große Gebiete verloren, und die Offensive des Jahres bei Kursk mit dem Ziel, die Initiative zu erlangen und damit das In-den-Griff-Bekommen der Kämpfe, kam trotz außergewöhnlich starkem Kräfteansatz nicht über Anfangserfolge hinaus. Allein ein begrenzter Gegenangriff zur Wiedereroberung Charkows und der Donezlinie zu Beginn der Frühjahrsschneeschmelze hatte Erfolg.

Bei all dem erwies sich, daß die Abwehr erst wieder gelernt werden mußte; eine Umstellung, die Blut kostete. Verbände mußten zusammengelegt werden, Reserven schmolzen dahin. Es wurde zum ersten Jahr größerer Verluste an Menschen, Material und Raum. Aber nicht allein die Zahl an Kräften und Waffen bei den russischen Verbänden waren die Ursache, sondern auch die Art ihrer Ausrüstung, Gliederung und Ausbildung, die den bis dahin das Kriegsgeschehen beeinflussenden deutschen Panzer- und Panzergrenadierdivisionen immer mehr ähnelten. Das Verhältnis insgesamt gestaltete sich immer ungünstiger und mußte für die deutschen Kräfte und ihre Verbündeten, in Verbindung mit der immer ausgedehnteren Vernichtung der eigenen Rüstungsindustrie, fast zwangsläufig zum Stillstand der eigenen Stoßkraft, danach zur Abwehr und schließlich zum Rückzug führen.

Es gab – nach den Improvisationen der ersten Monate, beiderseits des Donez wieder eine Front aufzubauen – wohl noch die oben erwähnten Ansätze von eigenen Kräften. Doch ging danach die Initiative endgültig an die Russen über. An der ganzen Front traten sie noch im Spätsommer mit großer Übermacht zur Offensive an und brachten die deutschen Linien ostwärts des oberen und mittleren Dnjepr zum Zusammenbruch. Nur unter Mühen gelang es, die sogenannte „Panther-Stellung“ vom Asowschen Meer über den Dnjepr-Sosk-Abschnitt bis zum Norden bei Narwa zu halten.

The Year 1943

The year 1942 had not produced the expected decision. Instead it ended with withdrawls on all parts of the front especially, in the south. The annihilation of the 6th German Army and the Rumanian, Italian and Hungarian Armies made 1943 a year full of crisis, improvisations and reverses. In addition, the U.S.A. entered the war, the campaign in Africa ended with the surrender of a strong German force and the Allies succeeded in invading Italy. In Russia the Germans were forced to give up large areas, and the offensive action near Kursk did not lead to the expected victory although unusually strong German forces had been employed. Only a limited counterattack to recapture Charkow and the Donez line, in the beginning of spring, brought success.

This whole operation showed that the Germans had to learn to defend themselves. To bring units up to strength they had to be combined and reserves seemed to vanish. 1943 became the first year the Germans suffered great losses in men, material and terrain. It was not the quantity of the Russian forces and weapons alone that overpowered the Germans, but also the way the Russians were organized and trained similiar to the German units. The proportion of power became more and more unfavorable for the Germans and their Allies. In addition, the increased destruction of the German war industry caused the halt of the offensive drive consequently leading to a defensive operation and finally to a retrograde operation.

After the successful actions on both sides of the Donez River during the first few months, the initiative was taken up by the Russians. In the late summer, a massive Russian offensive collapsed the German lines east of the upper and center Dniepr. With great effort, the Germans were able to hold the so-called "Panther Positions" between the Asow Sea and Narwa.

At the end of the year, most Germans knew that this war could not be won. To the regret of the whole German people and great parts of Europe, the consequence of this developement was not accepted.

Gegenangriff im Süden

Die während der letzten Kämpfe um und nach dem Fall Stalingrads freigewordenen russischen Kräfte griffen die italienische und etwas später die ungarische Armee mit dem Ziel an, Rostow sowie den Dnjepr bei Dnjepropetowsk zu gewinnen und damit für die Deutschen und ihre Verbündeten ein weitaus größeres „Stalingrad" zu gestalten. Durch den schnellen Ausfall der Verbündeten gelang anfänglich die Durchführung des Planes sehr rasch. Zur Verhinderung einer endgültigen großen Einschließung blieb der deutschen Führung nur noch die Lösung – gegen starken Widerstand Hitlers – das Gebiet zwischen Kaukasus und Don zu räumen. Hierdurch konnte die freiwerdende 1. Pz.Armee in einer Rochade-Bewegung über den Don in das Donezgebiet geführt werden.

Von dort aus griffen im März die 1. und 4. Pz.Armee mit den von Westen antretenden Kräften – zumeist SS-Divisionen – der Armee-Abteilung Kempf gegen den gefährlichen Durchbruch russischer Kräfte an, brachte den feindlichen Vormarsch zum Stehen und konnte schließlich größere Feindkräfte einschließen und vernichten. Zwar ging hierdurch bis auf den Kubanbrückenkopf das ganze Gebiet südlich des Don verloren, die Donezlinie konnte jedoch gehalten werden.

The Counter Offensive in the South

The Russian forces that had been released after the fall of Stalingrad, attacked the Italian Army. Later it also engaged the Hungarian Army. With this offensive they planned to seize Rostow and the Dniepr River at Dniepropetrowsk in an effort to encircle the Germans and their Allies in a much larger "Stalingrad". As a result of the immediate surrender of the German's Allies, the Russian plan developed well initially. In spite of Hitler's strong resistance, the German forces had to withdraw from the area between the Caucasus and the Don River in order to prevent a final large-scale envelopement by the Russians. As a result, the 1st Panzer Army was transferred to the Donez area. In March, starting from the Donez area, the 1st and 4th Panzer Armies along with other forces from the west (mostly SS-Divisions belonging to the Kempf-Army-Department) launched an attack against the Russians. Prior to this attack the enemy had penetrated the German front; the enemy is now encircled and destroyed by the German counter offensive. Apart from the Kuban bridgehead, the whole area south of the Don River was lost, except for the Donez line which was still in German hands.

GLIEDERUNG DER PANZERTRUPPEN
H.-GR. SÜD (ehem. DON)
15·2·1943

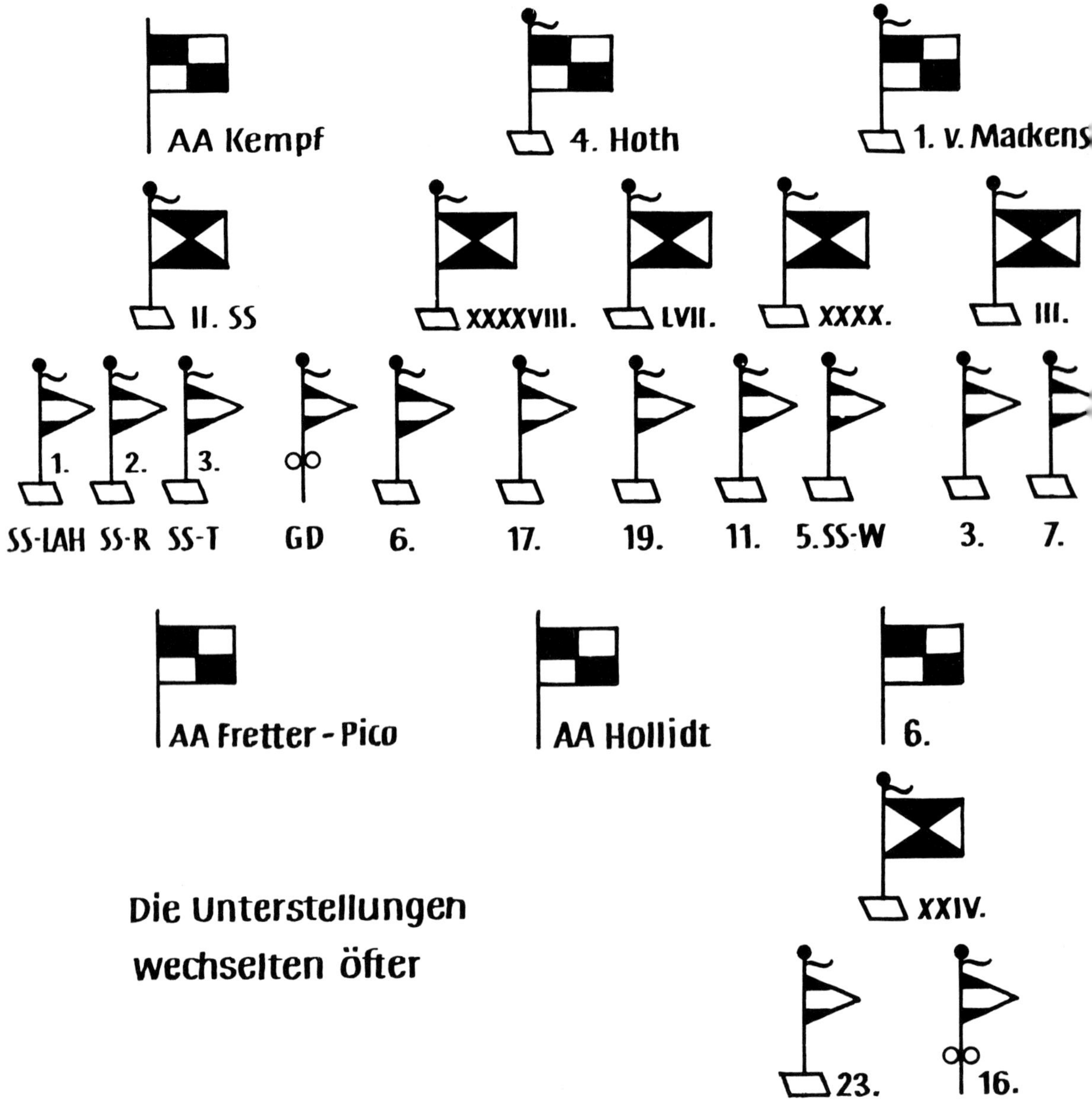

513

Mitte Februar sieht sich die deutsche Heeresführung folgender Situation gegenüber:
Mehrere sowjetische Armeen stoßen durch eine 300 km breite Frontlücke zwischen Woroschilowgrad und Belgorod in mehreren Keilen in westlicher und südwestlicher Richtung auf den unteren Dnjepr sowie das Asowsche Meer zu und drohen in einem großräumigen Kessel die gesamte Heeresgruppe Don (v. Manstein) einzukesseln.

Feldmarschall v. Manstein entschloß sich zur Schaffung von Gegenangriffskräften zu einer Frontverkürzung und warf in einer Rochadebewegung die 1. Pz.-Armee aus dem Raum südlich des Don und die 4. aus der Rückzugsbewegung vom unteren Don den vorstoßenden Sowjetarmeen in nordwestlicher Richtung entgegen.

Nach einer harten Auseinandersetzung mit Hitler bekam v. Manstein die Handlungsfreiheit zu dieser Operation, allerdings mit der fast schon durch die Realität überholten Einschränkung, Charkow zu halten. Diese Stadt wurde vom SS-Panzerkorps unter General Hausser (umseitig) mit den Divisionen „Leibstandarte Adolf Hitler" und „Das Reich" sowie der Heeres-Panzergrenadierdivision „Großdeutschland" verteidigt. Als die Gefahr der Einschließung entstand, entschloß sich jedoch General Hausser am 15. Februar zum Ausbruch und handelte damit eindeutig gegen den Führerbefehl.
Diese Haltung eines hohen kommandierenden SS-Generals widerlegt die allgemeine Auffassung, bei den SS-Verbänden handele es sich um stets gehorsame Soldaten einer Hitlerschen Privatarmee. Die Waffen-SS-Angehörigen als Fronttruppe zeigten sich nicht nur als Repräsentanten einer Partei, sondern oft als Soldaten den gleichen Bedingungen unterworfen, wie Soldaten der Wehrmacht. Viele Offiziere, wie Hausser – um nur einen zu nennen – haben sich meist erst den taktischen Notwendigkeiten und nicht nur den Parteirichtlinien unterworfen. Ihre aufgrund personeller und materieller Bevorzugung sich automatisch ergebende Einstufung als Elite führte oft zu Mißdeutungen.

Das Gesicht dieses schlammbespritzten Kradmelders zeichnet die Bedingungen, unter denen Soldaten bei der Schlacht um Charkow und südwestlich davon eingesetzt wurden.

In the middle of February, the German Army Command must face the following situation:
Several Soviet Armies are penetrating a 300 km gap of the front between Woroschilowgrad and Belgorod. Their advance is in a westerly and southwest direction toward the lower Dniepr and the Asow Sea. It threatens to encircle the whole Army Group Don (v. Manstein) in a large pocket Fieldmarshall von Manstein decides to withdraw the front. This action disengages the 1st and 4th Panzer Armies. He launches them in a northwest direction against the advancing Soviet Armies.

Hitler's approval of this operation includes the order to hold Charkow. This city is defended by the SS Panzer Corps under General Hausser (on the preceding page), along with the divisions "Leibstandarte Adolf Hitler" and "Das Reich" as well as the Armored Infantry Division of the Army "Großdeutschland". As the city is endangered by a Russian encirclement, General Hausser on 15 February decides on a sortie, although this is strictly against Hitler's orders.

The attitude of this high commanding SS General refutes the common conception that all SS units were consisted of constantly obedient soldiers of a private army of Hitler. The members of the "Weapon-SS" employed in the operations at the front did not just act as representatives of a party, but primarily like their comrades, all of them under the same conditions. Many officers, like the above mentioned Hausser, acted according to the tactical necessities and not to the party orders. Due to the fact that these units had the very best weapons, equipment and personnel, their classification as an élite unit often led to misinterpretations.

Die nachfolgenden Ereignisse geben der Entscheidung von Hausser recht: In der Zwischenzeit hat sich die Lage bedrohlich verändert. Am 18. Februar stehen die Spitzen der sowjetischen Panzergruppe Popow kurz vor Stalino und die der 6. sowjetischen Armee nur noch 50 km vom Dnjepr-Bogen entfernt und damit teilweise im Rücken der Heeresgruppe Süd. Das freigewordene SS-Panzerkorps wird zusammen mit dem III., XXXX. und XXXXVIII.Pz.Korps (linke Seite, oben: Teile einer SS-Panzerdivision im Raum Charkow) der 6. sowjetischen Armee entgegengeworfen. Die Soldaten, die während der Februartage durch tiefen Schnee den Brennpunkten entgegenstreben, gleichen abenteuerlichen Gestalten. Die Winterkälte uniformiert den Gegner und die eigenen Truppen ohne Unterschied. Diese Einheit ist nur an der deutschen Bewaffnung erkenntlich (linke Seite, unten). Die Offiziere unterscheiden sich ebenfalls kaum noch vom einfachen Soldaten; „Russenkappe" und Bergmütze tragen keine Rangabzeichen. Bekannte Frontoffiziere wie hier „Panzermeyer" (oben links) sind auch ohne Rangabzeichen in ihren Divisionen und darüber hinaus ein Begriff.

The following events justify Hausser's decisions: In the meantime, the situation has dangerously changed. On 18 February, the lead elements of the Soviet Popow Tank Group have almost reached Stalino. The 6th Soviet Army is only fifty kilometers from the Dniepr bulge, which is partly in the rear of the Army Group South. The disengaged SS Panzer Corps, along with the III., XXXX. and XXXXVIII. Panzer Corps (left page, above: Elements of an SS Panzer Division in the area around Charkow) are launched against the 6th Soviet Army. During these February days, the soldiers approaching their assembly positions through the deep snow, look like adventurous figures. The harsh winter blankets friend and foe without distinction. This unit (left page, below) is only identified by the German weapons being used. Officers hardly differ from enlisted men; the "Russian Cap" and the mountain cap do not carry insignia of rank. However, well-known officers at the front, like "Panzer Meyer" (above, left) do not need any insignia of rank for recognition. They are famous within and outside of their divisions.

Während der Gegenangriffe im Raum Charkow setzt die deutsche Führung erstmalig in größerer Zahl den neuen Panzer – Tiger I (Panzer VI) – ein (umseitig), der mit seiner 5 Meter langen Kanone 8,8 cm 36 L/56 und einer starken Panzerung die Überlegenheit bis zum Auftauchen der Stalin-Typen eindeutig zu Gunsten der deutschen Panzerwaffe verschiebt. Mit seinen eckigen Kanten ist dieses Fahrzeug nicht elegant konzipiert. Seine geringen Reichweiten – Straße 140 km, Gelände 85 km – machen ihn für den operativen Einsatz nur beschränkt einsatzfähig. Dennoch verleiht seine Robustheit und Zuverlässigkeit den Besatzungen wieder Selbstbewußtsein und ein Überlegenheitsgefühl feindlichen Panzertypen gegenüber.

In der Tigerfibel, herausgegeben am 1. 8. 1943 vom Generalinspekteur der Panzertruppen Guderian, wird folgendes über den Tiger gesagt:

Mit zwei Fingern kannst Du 700 PS schalten, 60 Tonnen lenken, 45 Sachen Straße, 20 Sachen Gelände und 4 m unter Wasser fahren.

An anderer Stelle heißt es: Ein Tiger erhielt im Südabschnitt in 6 Stunden: 227 Treffer Panzerbüchse, 14 Treffer 5,2 cm und 11 Treffer 7,62 cm – keiner ging durch.

Laufrollen und Verbindungsstücke waren zerschossen, 2 Schwingarme arbeiteten nicht mehr, mehrere Paktreffer saßen genau auf der Kette und auf 3 Minen war er gefahren. Er fuhr mit eigener Kraft noch 60 km im Gelände.

Und weiter: Du kannst den T-34 Front in 800 m abschießen! Der T-34 Dich Front aber erst auf 500 m. Ein Tiger kostete damals 800 000 Reichsmark. Diese für damalige Begriffe enorm hohen Kosten liegen in der komplizierten Fertigungstechnik begründet, die 300 000 (!) Arbeitsstunden für einen Tiger erforderte.

Zu Beginn des Jahres 1943 sind jedoch noch fast alle Panzerdivisionen, wie hier die Leibstandarte, die sich zum Angriff auf die 6. sowjetische Armee vorbereitet, mit dem Panzer III und IV ausgerüstet.

During the counterattacks around Charkow, the German Command for the first time employs a new panzer (at a large number) – the Tiger (Panzer VI). The Tiger I (on the preceding page) with its 5 meter 88 mm gun 36 L/56 and its thick armor plating temporarily shifts the superiority of power to the German Panzer Force, until the Russian Stalin type tanks appear. Its short range – street 140 km, terrain 85 km – limits its operational employment, however, its sturdiness and reliability gives self-confidence and a feeling of superiority to the German panzer crews.

The Tiger Leaflet, published on 1 August 1943 by General Guderian, gives the following description: With two fingers you can shift 700 horsepower, move 60 tons, drive 45 km/h on the road, 20 km/h in cross-country terrain and 4 meters below water surface.

In another place, it says: Within six hours in the south of the front a Tiger received: 227 hits by antitank rifles, 14 52 mm hits and 11 76.2 mm hits – none of them penetrating the armor. The road wheels were shot to pieces, two torsion bars were knocked out, several antitank hits were jammed in the chain and it had hit three mines. It managed to run another sixty kilometers across the terrain.

You can destroy a T-34 at a distance of 800 meters! However, the T-34 needs a distance of 500 meters to destroy you!

The complicated construction of the Tiger required 300,000 (!) hours of labor, which explains the high costs of 800,000 Reichs Mark. In the beginning of 1943, most of the German panzer divisions (here: "Leibstandarte" preparing the attack against the 6th Soviet Army) are equipped with the Panzers III and IV.

Ohne Rücksicht auf Nachschub- und rückwärtige Verbindungen stürmen die russischen Divisionen siegessicher ihren operativen Zielen entgegen. Die gegnerische Führung ahnt nichts von den deutschen Vorbereitungen zum Gegenangriff und glaubt vielmehr, die deutschen Heeresteile seien im Rückzug begriffen. Der 15. Infanterie-Division und der SS-Panzerdivision „Wiking“ gelingt es, bevor die eigenen Gegenangriffe wirksam werden, die 6. Armee und die Armeegruppe Popow aufzuhalten. Die Last der Abwehrkämpfe liegt bei den Pak-Besatzungen auf Selbstfahrlafetten.

Oben: 7,5 cm Pak auf Fahrgestell der T-38.

Umseitig: Pak-Bedienung in Erwartung eines Panzerangriffs.

Am 19. Februar beginnt der deutsche Gegenangriff. Die überraschte Rote Armee wird in ihren Flanken angegriffen, schnell durchstoßen und von ihrem Nachschub und den rückwärtigen Verbindungen abgeschnitten. Dann beginnt das zehntägige Ausräumen des Kessels, in der die deutschen Verbände die sowjetischen Brigaden und Divisionen einzeln vernichten.

The Russian divisions rapidly advance toward their operational objectives without knowledge of the German preparations for a counterattack. The Soviet command believes that the German Army elements are retreating. Before the planned German counterattack, the 15th Infantry Division and the “Wiking“ SS Panzer Division succeed in halting the 6th Soviet Army and the Popow Army Group. The crews on the self-propelled antitank guns carry the brunt of the defensive battle.

Above: 75 mm antitank gun on the chassis of a T-38.

On the next page: Antitank crew expecting a new tank assault.

On 19 February, the German counterattack begins. The flanks of the enemy forces are attacked by surprise. They are penetrated and cut off from their rear lines. Now a ten-day battle begins during which the German units destroy the Russian brigades one after the other.

Manstein hat einen großen Erfolg errungen. Die sowjetische Heeresführung sieht sich jetzt einer Situation gegenüber, in der sich die Deutschen einen Monat vorher befanden: Die sowjetische Front ist durch die Zerschlagung von drei Armeen und einer Armeegruppe über eine Länge von fast 200 km aufgerissen. Reserven sind nicht so schnell greifbar, um an den gefährdeten Frontabschnitt geworfen zu werden. Manstein nutzt die günstige Lage und gewinnt durch ständiges Nachstoßen noch vor Anbruch der Schlammperiode eine günstige Ausgangsposition für weitere Operationen dieses Jahres. Die Wiedergewinnung von Charkow, einer wichtigen Metropole der Ukraine, steht dabei an der Spitze der Priorität.

Noch ist die Wetterlage günstig für die deutschen gepanzerten Divisionen, als das Panzerkorps Hausser im Verein mit Teilen, des XXXXVIII. Pz.Korps Anfang März auf Charkow angesetzt wird. Eine feindliche Kräftegruppe, die zur Deckung dieser Stadt eingesetzt wurde, wird in einem Zangengriff zerschlagen.

Umseitig: Panzer in Bereitstellung und abgeschossener Schützenpanzer vor Charkow.

Manstein has gained a great success. The Soviet Army Command now faces a situation, that one month before, the Germans had to deal with: Due to the destruction of three armies and one army group, there is a 20 kilometer hole in the Soviet front. As reserves cannot be brought up quickly, Manstein utilizes this situation and launches continous thrusts creating a favorable position for the future operations of this year. The recapturing of Charkow, the important city of the Ucraine, is of highest priority. In the beginning of March, under favorable weather conditions, the Hausser Panzer Corps along with elements of the XXXXVIII Panzer Corps are launched against Charkow. Enemy units responsible for the protection of this city, are destroyed in a pincer attack. On the preceding page: Panzers in readiness and destroyed armored utility vehicle outside of Charkow.

Am 5. März stehen die Korps nur noch 40 km von Charkow entfernt, als die Tauwetterperiode einsetzt und die unbefestigten Wege in grundlosen Morast verwandelt. Die Truppe muß wie schon so oft zu Mitteln der Improvisation greifen. Hier wird ein mit Schmelzwasser gefülltes Schlammloch in einer Balka von Panzergrenadieren mit Erde aufgefüllt und die tiefen Furchen, die die Ketten der Panzer verursachen, werden eingeebnet, um den Panzern, insbesondere jedoch den schwer leidenden Räderfahrzeugen (Nachschub), ein Vorwärtskommen zu ermöglichen.

On 5 March, the German Corps are forty kilometers from Charkow. Then, the thaw period begins turning unsurfaced roads into mud paths. The soldiers have to improvise: A mudhole with melted water is filled with earth and the deep furrows made by the panzer track are smoothed so that the panzers and especially the supply trucks can move ahead.

An anderen Stellen, wo der Untergrund noch gefroren ist, geht es besser vorwärts. Um gedeckte Stellungen mit Infanteriewaffen besser bekämpfen zu können, werden auf die Mündungen der Karabiner Abschußbecher gesteckt, um daraus Gewehrgranaten verschießen zu können (oben).

An einigen Stellen hat der Russe Minengürtel angelegt, die den Angriff aufhalten sollen. Minensucher entfernen die starken Sprengladungen, die genug Sprengstoff enthalten, um schwere Panzer bewegungsunfähig zu machen.

At places where the ground is still frozen, the advance can go on without delay. The carbines of these soldiers are equipped with launching attachments so that they are able to attack covered positions with rifle grenades (above).

At other places, the Russians have planted mine fields which should halt the German advance. Mine sweeping parties eliminate the explosive charges which are strong enough to knock out a heavy tank.

Am 8. März wird der westliche Stadtrand von Charkow erreicht. Einzelne Panzer stoßen schon am nächsten Tag bis zur Stadtmitte vor. Innerhalb weiterer 24 Stunden gelingt es, die Stadt von Norden und Süden abzuschnüren. Bald darauf folgt die endgültige Einschließung.

Rechts: Deutsche Panzer mit aufgesessenen Panzergrenadieren in Charkow. Im Hintergrund sind die Betonklötze des Roten Platzes sichtbar.

Oben: Ein Kradschütze vor einem Revolutionsdenkmal in Charkow.
Am 16. März bricht der letzte Widerstand in Charkow zusammen. Die heißumkämpfte Stadt hat in diesem Krieg zum dritten Mal den Besitzer gewechselt.

On 8 March, the Germans reach the western outskirts of Charkow. On the next day, some panzers even reach the center of the city. Within the next twenty-four hours, the city is cut off in the north and the south. A little later the final envelopement of Charkow is resumed.

On the right: German panzers with mounted armored infantry men in Charkow. In the background – the concrete buildings of the Red Square.

Above: A motorcycle rifleman in front of a revolutianary monument in Charkow.
On 16 March, the last resistance in Charkow is destroyed. For the third time in this war, this city has changed its occupation force.

Unternehmen „Zitadelle"

Nach den Kämpfen des Frühjahrs blieben die Fronten relativ ruhig. Die Erschöpfung auf beiden Seiten und die Schneeschmelze erforderten es. Zum Ergreifen der Initiative möglichst noch vor dem Sprung der Alliierten nach Italien sowie der drohenden Invasion im Westen befahl Hitler bereits am 15. 4. die Operation „Zitadelle". In einem umfassenden Angriff von Norden und Süden gegen den russischen Frontbogen westlich Kursk sollten die dort stehenden feindlichen Kräfte eingeschlossen und vernichtet werden.

Unter weitgehender Entblößung der Nachbarfronten und Heranziehung fast aller operativer Reserven versammelten sich hierfür 19 gepanzerte Divisionen und damit fast alle, die sich im Osten befanden. Auch sollten hierbei zum ersten Mal der Panzer V (Panther) und vom bereits bekannten Tiger größere Mengen eingesetzt werden.

Als der Angriff aus verschiedenen Gründen mehrfach verschoben und schließlich auf den 4. 7. festgesetzt wurde, waren die deutschen Absichten dem Russen längst bekannt und Gegenmaßnahmen getroffen worden. Insbesondere wurde der Raum um Kursk bis zu einer Tiefe von 100 km zu einer Festung ausgebaut. Allein hierdurch war der Ansatz gepanzerter Truppen verfehlt. Ein Unterbleiben des Angriffes wäre besser gewesen.

Am 4. 7., 1500 Uhr, traten dennoch die Angriffsgruppen nach kurzer Stuka- und Artillerievorbeitung an. Bereits der Durchbruch durch die verminten und durch einen intensiven Stellungsbau verstärkten russischen Linien erwies sich schwieriger als erwartet. Sofort einsetzende heftige Gegenangriffe bewiesen, daß der Angriff erwartet worden war. Auch war die russische Panzerabwehr erheblich wirkungsvoller als bisher. Überall waren tiefgestaffelte Pakfronten, gekoppelt mit Minenfeldern, Panzergräben und Panzerfallen. Die Panther, um deretwillen u. a. der Angriffsbeginn so spät festgesetzt worden war, zeigte Schwächen. Trotz erbitterter Panzerschlachten und hoher Verluste auch für den Gegner, führten somit die Angriffe nicht zum erhofften Erfolg. Die 9. Armee im Norden blieb bereits in den ersten Angriffstagen liegen. Auch die 4. Pz.Armee konnte trotz eines Einbruches von 35 Kilometern keinen operativen Durchbruch erzwingen. Die Spitzen beider Armeen standen noch über 100 km voneinander entfernt. Am 12. Juli mußte die 9. Armee ihren Angriff völlig einstellen, da der Russe am Orelbogen in ihrem Rücken eine starke Gegenoperation führte. Hierdurch wurde sie gezwungen, Teile ihrer Angriffsdivisionen dort zum Schutze ihrer Nordflanke einzusetzen.

„Zitadelle" war gescheitert und kostete auf deutscher Seite Verluste, die nie mehr ersetzt werden konnten. Die deutsche Kampfkraft wurde hierdurch so geschwächt, daß sie im Spätsommer der dann einsetzenden Großoffensive der Russen nicht mehr gewachsen war und große Gebiete bis Ende des Jahres verloren gingen. Ein Einsatz der 19 gepanzerten Divisionen zur Abwehr eines erwarteten russischen Angriffes wäre sicher mit größeren Erfolgen beschieden gewesen.

GLIEDERUNG DER PANZERTRUPPE
ZUM UNTERNEHMEN „ZITADELLE“ AM 5. 7. 1943

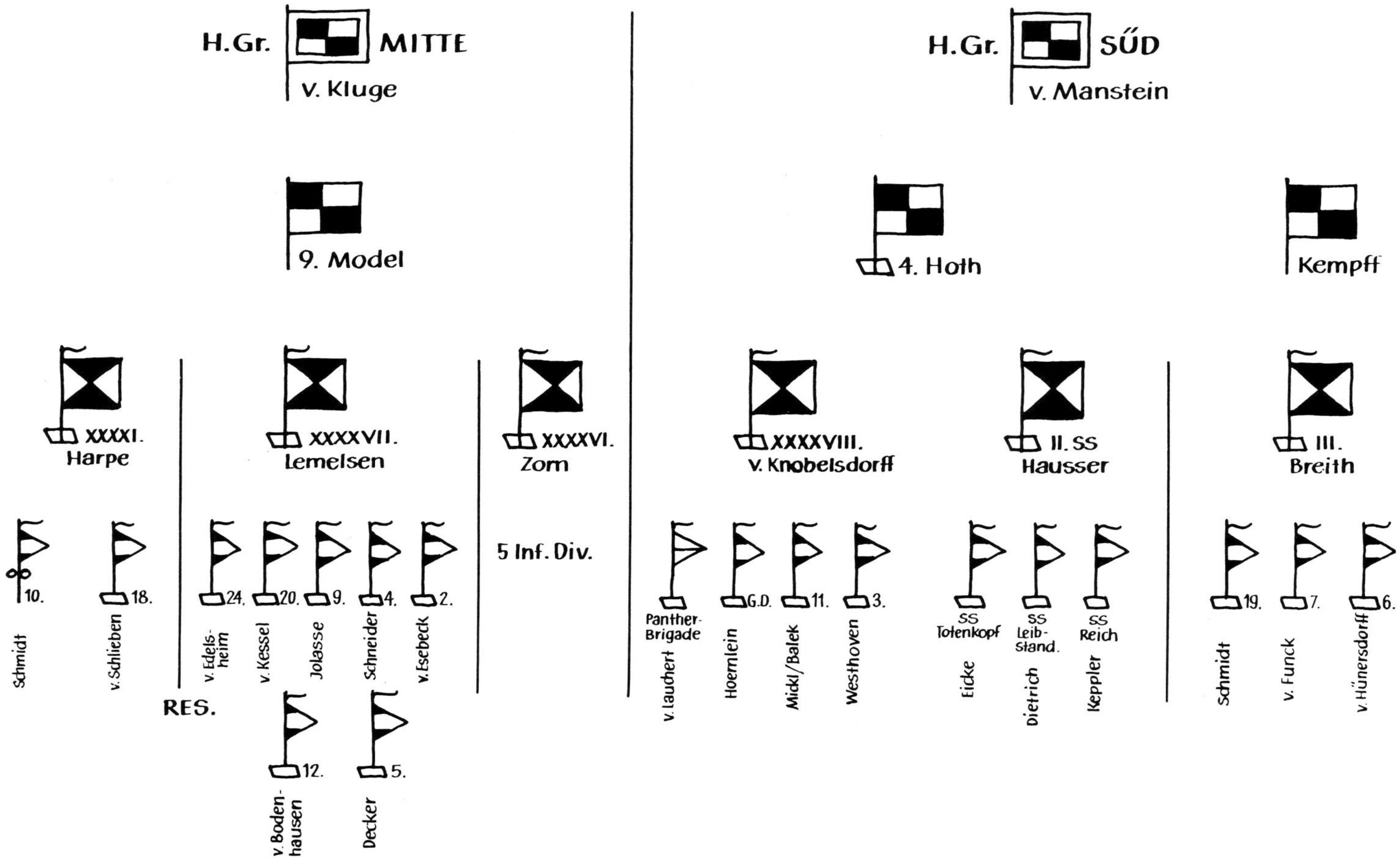

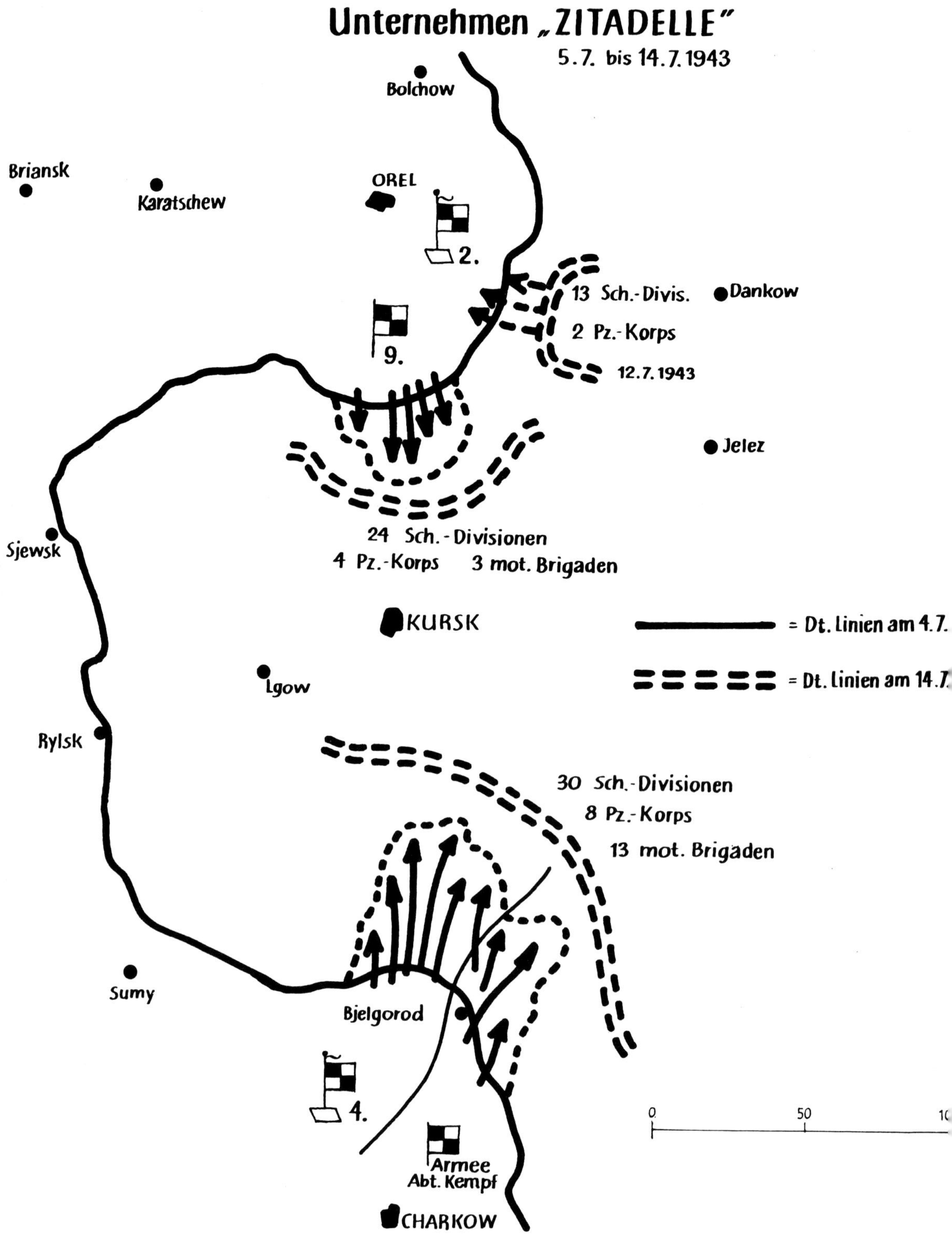
Unternehmen „ZITADELLE"
5.7. bis 14.7.1943
Bolchow
Briansk
Karatschew
OREL
2.
13 Sch.-Divis.
Dankow
2 Pz.-Korps
12.7.1943
9.
Jelez
24 Sch.-Divisionen
4 Pz.-Korps
3 mot. Brigaden
Sjewsk
KURSK
= Dt. Linien am 4.7.
= Dt. Linien am 14.7.
Lgow
Rylsk
30 Sch.-Divisionen
8 Pz.-Korps
13 mot. Brigaden
Sumy
Bjelgorod
4.
0
50
Armee
Abt. Kempf
CHARKOW

Operation "Citadel"

After the fighting in the spring of 1943, the weather (melted snow) and an increased troop exhaustion resulted in a calm front. On 15 April, Hitler gave orders for operation "Citadel". With this operation the Germans expected to regain the initiative before the Allied landing in Italy and the threatening invasion in the west. In a double envelopment from the north and the south, directed against the Russian salient west of Kursk, the enemy forces were to be encircled and destroyed.

Nineteen armored German divisions (almost all the panzer divisions stationed in the east) were massed for this operation. For the first time, Panzer V (Panther) were provided for this mission. After the date of the attack had been postponed several times, it was finally set for 4 July. However, by this time, all of the German plans were known by the Russians. In the area around Kursk, the enemy had built fortifications that stretched over 100 kilometers. A postponement of the whole operation, and especially the disengagement of the armored troops would have been advisable.

On 4 July, at 1500 hours, after preparatory Stuka dive-bombing and artillery attacks, the German troops begin the assault. The attempt to break through the mined and reinforced Russian lines was more difficult than expected; heavy enemy counterattacks proved that the German attack had been anticipated by the Russians. The employment of the panzer "Panther" did not develop according to expectations. An intensified Russian antitank defence combined with mine fields, antitank ditches and tank traps caused heavy losses. Fiersece tank battles caused losses on the enemy side, but did not lead to the expected success. In the north, the 9th German Army was halted in its positions resulting after the first days of the attack. The 4th Panzer Army, after a penetration of 35 kilometers, also could not achieve a break through the Russian lines. There was still a distance of 100 kilometers between the advanced elements of the two armies. On 12 July, the 9th Army had to break off its assault, because the Russians launched a massed counterattack in the rear of their lines, at Orel. For the protection of the 9th Army's northern flank, elements of its divisions had to be sent into this area.

Operation "Citadel" had turned into a failure. On the German side, it had caused irreparable losses. Due to the weakened German military strength, the large-scale Russian offensive in the late summer of 1943 led to German withdrawl from large areas of Russia. The employment of the nineteen armored divisions in the defence of the expected Russian attack could have possibly resulted in greater success.

Das Unternehmen „Zitadelle" ist eine der außergewöhnlichsten Heeresoperationen des Zweiten Weltkrieges.

Zwischen Orel im Norden und Bjelgorod im Süden stehen Anfang Juli auf deutscher Seite 37 Divisionen, den 54 Schützendivisionen, 12 Panzerkorps und 16 mech. Brigaden auf sowjetischer Seite gegenüber.

17 der bereitgestellten deutschen Divisionen sind gepanzerte Verbände. Das sind nur 600 Panzer und 2 motorisierte Divisionen weniger als zu Beginn des Rußlandkrieges bereitstanden. Die Feuerkraft der Panzer des Jahres 1943 ist jedoch auf beiden Seiten um ein Vielfaches höher als im Jahr 1941. Die deutsche Luftwaffe bietet mit 1 800 Kampfflugzeugen, die hauptsächlich zur Erdkampfunterstützung vorgesehen sind, genausoviel Flugzeuge auf wie 1941. Eine solche Kräftekonzentration hatte es auf deutscher Seite vorher noch nie gegeben, wenn sich auch die Voraussetzungen gegenüber dem Jahr 1941 wesentlich geändert haben. Die deutschen Panzer treffen diesmal auf einen Gegner, der vorbereitet in gutausgebauten Stellungen sitzt. Die gegnerische Führung hat durch die günstige Entwicklung der strategischen Lage an Selbstvertrauen gewonnen und kann sich auf ihre gut ausgebildeten und ausgerüsteten Soldaten verlassen. Durch Verrat ist der Russe außerdem genauestens über Stärke, Ort und Zeitpunkt der deutschen Angriffsabsichten unterrichtet.

In Unkenntnis der Tatsache, daß bis auf zwei alle anderen gepanzerten Divisionen der Ostfront an dem Kursker Frontabschnitt konzentriert sind, verführt die Massierung von gepanzerten Fahrzeugen und anderem Kriegsgerät (hier: Teile der 3. Panzer-Division) bei Offizieren und Soldaten zu Selbstüberschätzung und verfehltem Optimismus.

Operation "Citadel" is one of the most unusual army operations of World War II.

In the beginning of July 1943, in the areas of Bjelgorod and Orel, thirty-seven German divisions are concentrated against a Russian force of fifty-four infantry divisions, twelve armored corps and sixteen mechanized brigades. Seventeen of the assembled German divisions are armored units. They have only 600 panzers less than at the beginning of the Russian campaign. Since 1941, the fire power of tanks has increased considerably on both sides.

The German Luftwaffe prepares 1800 combat aircrafts for the support of the planned infantry operation. This is the same number of aircrafts which were available in 1941. In World War II, the Germans have never before concentrated such a powerful military force. However, the conditions have changed since the beginning of the Russian campaign. Due to the advantageous change of the strategic situation, the enemy leadership has gained and increased in self-confidence. The morale of their soldiers is high and their training has been greatly improved. The German panzers will encounter the enemy in well-prepared positions. Moreover, the Russian high command is well informed of the German plans through reports of its intelligence service.

The German concentration of war material (shown are elements of the 3rd Panzer Division) gives a wrong impression of the German strength and results in unjustified optimism among the German soldiers in the battle area.

Einer der Gründe für den Optimismus ist auch der erstmalige und massive Einsatz neuer Waffen. Die deutsche Rüstungsindustrie hat in den letzten Monaten gewaltige Anstrengungen unternommen, um die zahlenmäßige Übermacht des Gegners zumindest durch wirksamere Waffensysteme auszugleichen. Durch Überbewertung der Panzerung kommt es dabei auch zu Fehleinschätzungen hinsichtlich der Konzipierung von Panzern. Die Entwicklung des Porsche-Tigers (Ferdinand) ist sicherlich auf deutscher Seite das letzte Glied einer Kette mit Tendenz zum Gigantischen. Trotz seiner Frontpanzerung von 102/120 mm, einer Seitenpanzerung von 82 mm und einem Gewicht von fast 73 t besitzt auch der Ferdinand die alte Achillesferse. Mit einer leicht brennbaren Masse, die über den Luftansaugrosten gezündet wird, kann er wie alle anderen Panzer unverhältnismäßig leicht außer Gefecht gesetzt werden. Da der Kasemattpanzer außer einem Bug-Maschinengewehr über keine weiteren Defensivwaffen verfügt, wird er seines geringen Verteidigungswertes wegen das leichte und begehrte Opfer von Panzernahkämpfern.

Weitere Angaben: Länge ohne Rohr – 6,15 m; Länge mit Rohr – 7,33 m; Hauptbewaffnung – 8,8 cm Pak 43 L/71 mit einer Mündungsgeschwindigkeit von 1080 m/sec (mit Panzergranate).

Another reason for this optimism are the new weapons which are provided for this operation. The German high command tries to compensate for the enemy superiority through more effective weapons. The overestimation of the value of armored protection leads to a wrong concept in panzer constructions. The development of the giant Porsche Tiger ("Ferdinand") is the final step in this misconception. In spite of its armor plating of 102/120 mm at the front and 82 mm on the side, the seventy-three ton "Ferdinand" can be knocked out as easily as light tanks.

This can be accomplished by a Molotov Cocktail above the engine compartment. Due to the lack of defensive armament (except for one machine gun), the "Ferdinand" becomes an easy and valuable victim of antitank weapons. Additional data on "Ferdinand":

Length without barrel – 6.15 m
Length with barrel – 7.33 m
Main armament – 88 mm tank gun 43 L/71 with a muzzle velocity of 1080 m/sec (armor piercing shell).

Mit dem „Goliath“ wird zum ersten Mal ein durch Draht oder Funk ferngelenkter Ladungsträger eingesetzt.

Diese beiden seltenen Aufnahmen zeigen den funkgesteuerten „Goliath“ (unten) und die Fernlenkeinheit (oben) die hier in einem Kettenfahrzeug untergebracht ist. Mit einer Sprengladung von 91 kg hat er ein Gesamtgewicht von 362 kg sowie die Abmessungen von 1,60x0,66x 0,61 m. Die Einsatzmöglichkeiten des „Goliath“ sind gering, weil er nur gegen statische Ziele mit Aussicht auf Erfolg eingesetzt werden kann.

The "Goliath" is the first remote controlled explosive carrying vehicle which was initially employed during operation "Citadel".. These two rare photos show the "Goliath" (below) and its radio unit (above) which is installed here in a tracked vehicle. Carrying a high explosive load of 91 kg, the "Goliath" has a weight totalling 362 kg and the overall dimensions of 1.60/ 0.66/0.61 metres. Its low speed allows its employment against static targets only. Therefore its operational usefulness is of limited value.

Durch die Verwendung von Panzerfahrgestellen wird die Artillerie beweglicher gemacht. Hier die „Hummel", eine Selbstfahrlafette mit der schweren 15-cm-Feldhaubitze 18.

Artillery guns are mounted on tracked vehicles to provide artillery units with more flexibility. Shown are "Hummels" with 150 mm howitzers.

Der Tiger-Panzer wird jetzt verstärkt eingesetzt, nachdem er sich schon in den Frühjahrsschlachten gut bewährt hat.

After its successful employment during the spring battles of 1943, the Tiger Panzer is employed how at an increased rate.

Obwohl die Produktion von gepanzerten Fahrzeugen Priorität hat, ist die deutsche Industrie durch die kritische Rohstofflage nicht imstande, den Bedarf an diesen Fahrzeugen zu decken. Deshalb muß die Truppe oft zur Selbsthilfe greifen, wie hier bei der Halbketten - 8 - t - Zugmaschine, deren Besatzung sich durch provisorisch angebrachte Panzerplatten schützt.

Although armored vehicles have priority, the German industry is unable to meet the army's requirements for panzers, due to the critical shortage of raw materials. Therefore, the combat and supply elements have to improvise. Here, an eight-ton half-tracked tractor is protected with auxiliary armor plating.

Zur Verbesserung des zahlenmäßigen Anteils an gepanzerten Fahrzeugen werden auch Beutefahrzeuge, wie hier der T-34, teilweise sogar in Kompaniestärke, in die Panzerabteilungen eingegliedert. Zur besseren Identifizierung müssen sie in auffälliger Weise mit den deutschen Hoheitszeichen versehen werden, ein großer Nachteil, weil sie gute Haltepunkte für die gegnerische Panzerabwehr abgeben. Ihr Hauptnachteil war jedoch die Ersatzteilfrage und daß sie auch auf weite Entfernungen immer als Feind angesehen wurden.

To increase the number of combat vehicles, captured enemy tanks, like this Russian T-34, are quite frequently integrated into German panzer units. In addition to the lack of spare parts, these tanks are also handicaped by their large identification markings which have to be painted on so they now will be identified as German vehicles. These markings make a very visible aiming point for enemy gunners.

Die gelungenste deutsche Panzerkonstruktion ist zweifellos der Panther (Panzer V). Adolf Hitler besteht auf seinem Einsatz während des Unternehmens „Zitadelle". Weil sich die Serienreifmachung verzögert, verschiebt Hitler sogar den Angriffstermin des Unternehmens „Zitadelle". Der überstürzte Einsatz dieses neuen Fahrzeuges führt zu einem Mißerfolg. Das Treibstoffversorgungssystem ist noch nicht ausgereift und bedeutet aufgrund seiner Feuergefährlichkeit eine ständige Bedrohung für die Besatzungen. Erst Monate später wird die notwendige Frontreife erreicht. Der Panther, ursprünglich als Gegenstück zum inzwischen verbesserten T-34 geplant, gehört dann aufgrund seiner Abmessungen und seines Gewichtes fast schon in die Kategorie der schweren Panzer.

	Länge ohne Rohr (m) Length without barrel	Länge mit Rohr (m) Length with barrel	Breite (m) Width	Gewicht (t) Weight (tons)	Front-panzerg. (mm) Front armoring	Geschwin-digkeit (km/h) Speed (max.)
Panther (1944)	6,90	8,65	3,27	46	120/80	46
T-34 (85) (1943/44)	6,10	–	3,02	32	max. 75	53

	Reich-weite Str. (km) Range Street (km)	Motor (PS) Horsepower (PS) Engine	Bewaffnung Armament
Panther	200	750 Benzin Gasoline	7,5 cm KwK sowie 3 MG 42 L/70
T-34	500	500 Diesel	8,5 cm KwK M 1939 L/52 sowie 2 MG

The Panther Panzer (Panzer V) is undoubtedly the most advanced tank design of its time. Adolf Hitler insists in its participation in operation "Citadel". Due to problems during the initial phase of its series production, Hitler postpones the beginning of the attack. Then, the flammable fuel system of the hastily introduced Panther represents a constant threat to its crew. It takes several months for the Panther to demonstrate the necessary reliability. The weight and dimensions of the Panther, originally planned as the counterpart of the medium T-34, almost classify it as a heavy combat vehicle.

Die deutsche Führung ist über das Ausmaß des Verrates nicht informiert. Auf der unteren Führungsebene gibt man sich besondere Mühe, die Geheimhaltung und Tarnung konsequent durchzuführen.

Um der lebhaften sowjetischen Luftaufklärung den Einblick in die Aufmarschräume zu verwehren, sind die Fahrzeuge mit dichtem Astwerk getarnt (oben: Getarnter SPW einer SS-Division). Führungsstäbe und Gefechtsstände, wie hier der Gefechtsstand der 3. Panzer-Division in Nowo-Iwanowka (August 1943), entziehen sich der Entdeckung durch Unauffälligkeit.

The German side is convinced that the Russians cannot possibly have detailed knowledge of their plans for the new offensive.

To avoid detection by Russian reconnaissance planes, the German assembly areas and all movements are well-camouflaged. The pictures show an armored personnel carrier of an SS Panzer Division covered with branches. The inconspicuous looking houses of this small Russian village shelter the headquarters of the 3rd Panzer Division.

Abgesehen von einem örtlichen Bereinigungsvorstoß, der schon am 4. Juli durchgeführt wird, ist der Angriffstermin auf den 5. Juli festgelegt.

Tausende von gepanzerten Fahrzeugen aller Typen und aller Einsatzarten und eine halbe Million Soldaten befinden sich vor Sonnenaufgang in den Bereitstellungen, als planmäßig um 3.30 Uhr aus Hunderten von Bombenschächten und Bombenabwurfvorrichtungen der Kampfflugzeuge die Bomben auf die Stellungen des Gegners abgeworfen werden. Hunderte von Rohren der Artillerie aller Kaliber eröffnen zur gleichen Zeit mit einem Feuerschlag die aufwendigste Panzerschlacht des Zweiten Weltkrieges. Die Infanterie- und Panzerdivisionen verfügen zu ihrer Unterstützung über leichte Infanteriegeschütze 7,5 cm L/18, die mit einer wirkungsvollen Schußweite von 6 000 m aus den vordersten Stellungen heraus das Feuer der Artillerie begleiten (umseitig).

Apart from a local clearing-up operation taking place on 4 July, the jump off for the attack is set at 5 July.

Thousands of armored vehicles of all types and half a million soldiers are concentrated in the assembly areas. Then, at 0330 hours, the fighting begins as planned.

Thousands of bombs are dropped from bombers and hundreds of guns open fire on the enemy positions. Exploding shells and bombs mark the beginning of the greatest tank battle of World War II. For direct support, infantry and panzer divisions are equipped with light infantry guns. These 75 mm L/18 guns have an effective maximum range of 6000 metres. They open fire from advanced positions along the front line.

Im Bereich der Luftwaffe ergibt sich kurz vor Angriffsbeginn noch eine dramatische Entwicklung, die schon die erste Phase der Offensive in Frage stellt. Die Rote Luftwaffe, die, wie schon erwähnt, über die deutschen Angriffsabsichten genauestens informiert ist, will dem Einsatz der deutschen Flugzeuge durch einen Überraschungsangriff zuvorkommen. Deutschen Radargeräten (unten: ein „Würzburgriese" an der Atlantikküste) gelingt es, frühzeitig den Gegner aufzufassen und die deutschen Jäger (rechts: Fw 190) nach einem Alarmstart an den Gegner heranzuführen, der in verlustreiche Luftkämpfe verwickelt und von den deutschen Einsatzflugplätzen abgedrängt wird.

The Luftwaffe encounters a critical situation which could possibly paralize of the German plans of the offensive. The Red Air Force, knowing of the German plans, tries to prevent the action of the Luftwaffe through a surprise raid. However, German radar installations (shown: A "Würzburgriese") locate the approaching enemy aircraft. German fighters scramble from their airfields to attack the enemy bombers. They inflict heavy losses upon the Russian aircraft and succeed in driving them away.

Nach dem Vorbereitungsfeuer der Artillerie beginnt die Stunde der Panzerführer. Die deutschen Divisionen sollen von Norden und Süden den russischen Frontbogen durchstoßen, sich vereinigen und die abgeschnittenen sowjetischen Armeen vernichten. Die Operationsplanung des Unternehmens „Zitadelle" ist in ihrer Zielsetzung einfach, widerspricht aber, da der Angriff mit motorisierten Divisonen frontal gegen ein ausgebautes und tiefgestaffeltes Stellungssystem geführt werden soll, hinter dem massierte Panzerkräfte zum Gegenstoß bereitstehen, den Grundsätzen beweglicher Kriegsführung.
Model (9. Armee) im Norden setzt die Infanterie zuerst ein, die den Panzern den Weg ebnen soll. Hoth (4. Panzerarmee) im Süden verläßt sich mehr auf die Stoßkraft seiner Panzer und läßt die Infanterie dem Panzerstoß folgen, der ungeachtet des infanteristischen Widerstandes des Gegners den Durchbruch durch seine Linien erzwingen soll. Viele bekannte Panzerdivisionen der ersten Stunde sind wieder an diesem Unternehmen beteiligt, darunter auch die mittlerweile schon bewährte alte 3. Panzer-Division (linke Seite, oben) mit ihrem jetzigen Kommandeur Westhoven (linke Seite, unten). Die meisten vor dem Krieg aufgestellten Panzerdivisionen sind noch mit dem Panzer III und IV ausgerüstet.

After the preparing firing has ceased, the German panzer leaders take over the responsibility for the offensive. The German divisions are assigned the mission of penetrating the salient of Kursk from the north and south, thus cutting off and destroying the enemy armies. The strategic planning of operation "Citadel" is simple, however it is made contrary to the conception of mobile armored warfare. Mechanized divisions are employed in a frontal attack against a strong and wide defense system, behind which tanks are positioned for a counterattack.
In the north, General Model (9th Army) first employs the infantry to open the route for the panzers. Hoth (4th Panzer Army) in the south, relies on the striking power of his panzers to penetrate and crush the front defense line of the enemy infantry. Many well-known and experienced panzer divisions, among them the 3rd Panzer Division, take part in this operation. The pictures show the commander of the 3rd Panzer Division and elements of this division which, like others, are still equipped with the panzers III and IV.

Nach Durchbruch der verbissen umkämpften Verteidigungslinien im Süden (oben: MG-Nest mit Maxim-Maschinengewehr) gewinnen die Panzerverbände den notwendigen Operationsraum, der jedoch immer wieder durch den Einsatz gegnerischer Abwehrkräfte eingeschränkt wird.

After having penetrated the heavily defended positions of the Russians (shown is a machine-gun nest), the panzer units gain the necessary mobility. Time and again this mobility is threatened by the enemy's defensive forces.

Auch das SS-Panzerkorps mit den Divisionen LAH, Totenkopf und Das Reich erzwingt am 7. Juli den Einbruch in die gesamte gegnerische Verteidigungsfront.

On 7 July, the divisions "LAH", "Totenkopf" and "Das Reich" of the SS Panzer Corps are also able to penetrate the Russian defensive positions.

Auf der 80 km langen Angriffsfront der 4. Panzerarmee müssen starke feindliche Gegenangriffe mit Panzern abgeschlagen werden, die sich oft in Einzelbegegnungen auflösen. Dank seiner besseren Reichweite kann der Tiger die gegnerischen Panzer auf sicherer Distanz abschießen (linke Seite, oben). Die öligen Qualmwolken abgeschossener Panzer stehen über der Steppe. Die Pak Selbstfahrlafetten haben ihre Defensivbewaffnung teilweise durch behelfsmäßiges Aufmontieren eines I MG's erhöht, das auch zur Fliegerabwehr vorgesehen ist.

On an extended front of 80 kilometres, the panzers of the 4th Panzer Army encounter heavy tank attacks, often ending in "dogfights". However, due to its better armament, the Tiger Panzer is able to knockout the enemy tanks from a greater distance. The black smoke of destroyed tanks rises from the steppe (left page, above). Many selfpropelled antitank guns have increased their defensice armament with additional antiaircraft machine guns.

Während der Schlacht muß immer wieder aufmunitioniert werden, weil sich die Infanterie, die Artillerie und die Panzer verschossen haben. Das umseitige Bild zeigt den Freiwilligen einer SS-Panzerdivision beim Reinigen und Entfetten gegurteter MG-Munition.

Supply problems and the lack of ammunition force the Germans to interrupt the battle. The photo shows a volunteer of a SS Panzer-Division cleaning and greasing belted ammunition.

Die Verluste und der Verschleiß des rollenden Materials während der heißen Julitage sind erheblich. Die Ketten der gepanzerten Fahrzeuge sind besonders starker Belastung unterworfen. Ein Schützenpanzer der 3. Panzer-Division hat eine Gleiskette geworfen, kann aber durch die Besatzung selbst repariert werden.

During the hot days of July, the losses and the wear and tear of material are tremendously high. The tracks of the armored vehicles undergo unusual stress. Here, an armored personnel carrier of the 3rd Panzer Division has losf one of its tracks. The crew, however, is able to repair the damage.

Die Schlacht tobt mit unverminderter Härte weiter. Die Verbindungen und Informationen gewinnen immer mehr an Gewicht. Der Kradmelder, hier bei einer SS-Division, ist oft das letzte Glied der Befehlsübermittlung in die vordersten Stellungen.

The fierce fighting continnes. Communication between the advancing front and the rear elements is of special importance. At times, only motorcycle messengers like this member of a SS Division, maintain contact with the forward positions.

402

Während am 9. Juli die Offensive der 9. Armee bereits vor der zweiten Verteidigungslinie liegenbleibt, quälen sich die Divisionen der 4. Panzerarmee durch sich zunehmend versteifenden gegnerischen Widerstand. Hier hat sich eine Gruppe SS-Panzergrenadiere während einer kurzen Kampfpause in die Deckung eines Grabens begeben, während ein Panzer III den Schutz übernommen hat. Im Vordergrund, ein UKW-Tornistergerät, mit dem auch Sprechverbindung zu den Panzern aufgenommen werden kann.

Die deutschen Soldaten erschöpfen sich an den Materialmengen, die der Gegner trotz aller Verluste nachschieben kann. Die deutschen Panzer müssen sich auch mit einem überraschend aufgetretenen Panzertyp auseinandersetzen. In der Schlacht um Kursk setzt die 1. sowjetische Armee erstmals Sturmpanzer ein. Das sind mittlere Kasemattpanzer mit einer 12,2 cm Kampfwagenhaubitze auf dem Fahrgestell des T-34 (SU-122) und schwere Kassemattpanzer mit einer 15,2 cm Kanonenhaubitze auf dem Fahrgestell der KW-Panzer. Bei einem Gewicht des SU-122 von 30 t und 43 t beim SU-152 verfügen die Fahrzeuge über ausreichende Beweglichkeit und starke Feuerkraft, die auch zur Vernichtung der schwersten deutschen Panzertypen ausreicht.

SU und JSU, Sturm- und Jagdpanzer werden eine erfolgreiche Typenreihe, die den Angriff bis nach Berlin tragen. Der SU-152, später der JSU-152 gehört noch bis in die sechziger Jahre zu den Sturmgeschützen der ersten Linie. Die Auffassung von Feuerkraft und Beweglichkeit vor der Panzerung hat sich als die erfolgreichere durchgesetzt und wird später von den meisten westlichen Nationen übernommen.

On 9 July as the 9th Army is halted infront of the second defensive line, the divisions of the 4th Panzer Army are fighting their way through stiffening enemy resistance. Here, a group of SS infantrymen enjoy a short break in a tank ditch. A Panzer III gives artillery proction. In the background, a portable radio set is seen which enables the radio operator to contact tank crews.

The Germans are up against an unlimited quantity of war materials which the Russians, in spite of the heavy losses, are able to put into action.

The German panzers are also confronted with a new and unexpected model of an armored vehicle. During operation "Citadel", the Russians for the first time introduce assault tanks. These are either light casemate tanks carrying a 122 mm gun howitzer on the T-34 chassis (SU-122) or heavy casemate tanks carrying a 152 mm gun howitzer on the chassis of the KW series (SU-152). With 30 tons (SU-122) and 43 tons (SU-152) respectively, the vehicles have an adequate mobility and firepower to challenge the heaviest German panzers. SU's (later JSU) accompany the Russian Army until the end of World War II. At this time, they already represent the optimum between fire power, mobility and armored protection. This concept will later be adopted by almost all other military powers.

Im Süden wird der Angriff weiterhin auf Kursk vorangetragen.

In the area of the 4th Panzer Army the attack is carried on toward Kursk.

Aber unter dem Druck eines russischen Gegenangriffes im Norden bei Orel, der die 9. Armee im Rücken bedroht – die ihre motorisierten Divisionen nicht greifbar hat, weil sie im Angriff auf Kursk gebunden sind – und wegen der Landung der Amerikaner auf Sizilien, die jetzt das deutsche Reich von Süden bedrohen, wird am 16. Juli die Operation „Zitadelle" abgebrochen. Die letzte deutsche Großoffensive im Osten ist damit gescheitert. Die ausgebluteten Reste einiger Panzer-Divisionen werden an bedrohte Frontabschnitte geworfen. Der Kampf um Kursk wird unbeweglich. Die verbliebenen deutschen Kräfte bereiten sich auf Abwehrkämpfe vor. Ein vorgeschobener SS-Fernsprechtrupp hat sich neben einem zerstörten T-34 eingegraben.

Aufgrund der hohen Menschen- und besonders Materialverluste wurde, zumal es ab diesem Zeitpunkt auch keine Ruhepausen zur Auffrischung mehr gab, der deutschen Panzerwaffe das Rückgrat gebrochen.

On 16 July, the operation has to be broken off, because of a Russian counter offensive in the rear of the 9th Army. An additional cause is the landing of the US Forces in Sicily. The Germans now have to transfer their best equipped divisions to these endangered areas. The last German large-scale offensive in the east has failed. The panzer divisions are exhausted. Due to heavy losses, which cannot be compensated, the backbone of the panzer force has been broken.

In the area of Kursk, the remaining units prepare defensive prositions.

The picture shows an advanced SS telephone team dug in beside a destroyed T-34.

Das Jahr 1944

Waren es 1943 vor allem Abwehrkämpfe im Süden Rußlands und in Afrika, begann 1944 die Abwehr auch an der Eismeerfront, auf dem Balkan, in Italien und Frankreich. Rückschläge mehrten sich und standen im umgekehrten Verhältnis zu wortreichen Berichten über kleinere Erfolge oder Ankündigungen neuer Waffen (Raketen usw.). Die Gegner erreichten über Kessel- und Durchbruchschlachten gegen Ende des Jahres an mehreren Stellen die Reichsgrenze oder die der Verbündeten, überschritten sie vereinzelt oder standen kurz davor.

Die Rückzugsbewegungen in Rußland setzten sich auch in diesem Jahr fort, nicht immer planmäßig, zuweilen sich bis zu Katastrophen steigernd. Diese entstanden zumeist durch die unsinnigen Halte-Befehle Hitlers, die der Führungskunst, als eine Waffe des kräftemäßig Unterlegenen keinerlei Chancen gaben. Die blutigen Ausfälle – wie immer bei Rückzügen – mehrten sich, ebenso die Zahl der „Vermißten". Von den vielen Krisen seien hier nur die größten genannt: Schitomir, Tscherkassy, Kamenez-Podolsk, Durchstoß auf Riga, Räumung der Krim, Abfall Rumäniens und Bulgariens, Jassy, Durchbruch zur Ostsee nördlich von Memel sowie der Einbruch in die ungarische Tiefebene.

So wurde es zum Jahr der entscheidenden Rückschläge. Schläge, von denen sich die Wehrmacht nicht mehr erholen konnte. Mehrfach gelang es dem Gegner, größere deutsche Truppenverbände einzuschließen und zu vernichten. Aber auch Tscherkassy und Kamenez-Podolsk – beides Kessel, die noch aufgeschlagen werden konnten, führten zu großen Verlusten an Menschen und Material. Auch die Reste der Großverbände, die noch einmal dem Verhängnis entgingen, konnten meist nicht mehr aufgefüllt werden. Darüber hinaus waren zu dieser Zeit die meisten deutschen Divisionen praktisch nur noch schwache Kampfgruppen, die sich in der Weite des Raumes – zeitweise als wandernde Kessel nach allen Seiten kämpfend – zurückschlugen.

Auch den weniger kritischen Deutschen wurde es nunmehr klar, daß dieser Krieg nicht mehr gewonnen werden konnte. Die einzige Konsequenz dieser Lage, den Krieg so bald als möglich zu beenden – gleich unter welchen Bedingungen – wurde von der politischen Seite nicht gezogen. Ein Versuch der Wehrmacht in Verbindung mit anderen Kräften Hitler auszuschalten und dem Volk den Frieden zu bringen, scheiterte. Das Volk und seine Soldaten wurden weiterhin sinnlos geopfert.

Besonders die motorisierten und gepanzerten Verbände erlitten in diesem Jahr harte Rückschläge. Sie standen mit Masse im waldarmen, panzergünstigen Süden. Durch die hohen Verluste, aber auch Abgaben für Neuaufstellungen, erhielten fast alle Verbände so schnell neue „Gesichter", daß rückkehrende Genesende ihren „Haufen" kaum wiedererkannten; ein nicht zu unterschätzender, für den Kampfgeist sich negativ auswirkender Faktor.

Die folgende Skizze soll die Größe der Gebietsverluste in Rußland verdeutlichen.

The Year 1944

The defensive battles of the year 1943 had been restricted to southern Russia and Africa; now, in 1944, they took place in the Polar Sea, the Balkans, in Italy and in France. The German propaganda concealed the increasing reverses and exaggerated the reports about minor successes and the announcement of new weapons (rockets etc.). By the end of the year, the enemies defeated the Germans in battles of encirclement, and reached the German Reich's border or that of its Allies. In some places, they even crossed these borders.

In Russia, the German retreat continued, sometimes with catastrophic results due to the senseless hold-out orders by Hitler. The numbers of casualties and missing increased. The following are the most significant of the many reverses: Schitomir, Tscherkassy, Kamenez-Podolsk, the thrust on Riga, the retreat from the Crimea, the disengagement of Rumania and Bulgaria, Jassy, the thrust to the Baltic Sea north of Memel as well as the penetration into the Hungarian plain.

Thus 1944 developed into the year of the decisive reverses from which the German Army was not able to recover. More than once, the enemy succeeded in enveloping and destroying large German units. Although the two pockets at Tscherkassy and Kamenez-Podolsk could have been broken by the Germans, they resulted in heavy losses of men and material. In addition, there were no reinforcements to provide new life for the remaining elements of the large units. Most of the German divisions had become weak fighting groups, which retreated to the west across the vastness of the Russian country.

The political side did not, however, take the consequences of this situation – to end the war as soon as possible. An attempt by the Army to eliminate Hitler and to restore peace, failed (The attempt to assassinate Hitler on 20 July 1944). The high officials continued to sacrifice their people both military and civilian.

The heaviest losses of this year were suffered by the motorized and armored units, most of which were stationed in southern Russia, an area with few forests, thus favorable for tanks. The heavy losses also led to many reorganizations. Returning convaleszents hardly recognized their old units. This, of course, was a fact which influenced the fighting spirit in a very negative way. The following sketch shows the areas lost in Russia.

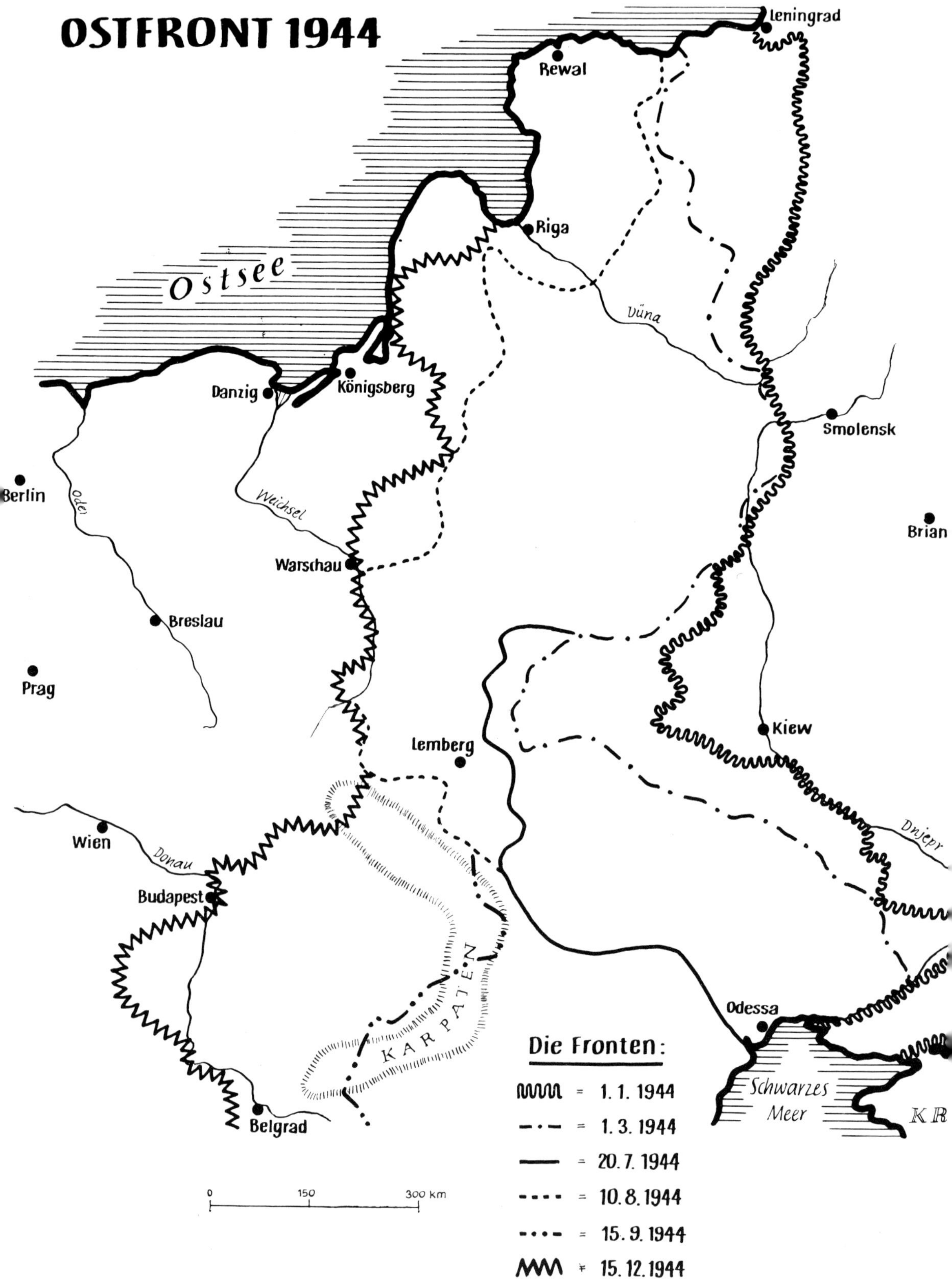

OSTFRONT 1944
Leningrad
Rewal
Riga
Ostsee
Düna
Danzig
Königsberg
Smolensk
Berlin
Oder
Weichsel
Brian
Warschau
Breslau
Prag
Kiew
Lemberg
Wien
Donau
Dnjepr
Budapest
KARPATEN
Odessa
Schwarzes Meer
KR
Belgrad
Die Fronten:
= 1. 1. 1944
= 1. 3. 1944
= 20. 7. 1944
= 10. 8. 1944
= 15. 9. 1944
= 15. 12. 1944
0
150
300 km

Tscherkassy

Durch die Halte-Befehle Hitlers kam es zur Einschließung und dem mißglückten Ausbruch bei Tscherkassy.

Ein von Kiew aus in Richtung auf Winniza und Uman sowie einem von Krementschug über Kirowograd in Richtung Perwomeisk erfolgter Durchbruch mit folgendem Zusammenspiel beider Stoßkeile erbrachte Ende Januar die Einschließung zweier deutscher Korps (XII. und XXXXII.) westlich von Tscherkassy. Mit eiligst herangeführten gepanzerten Divisionen (von Norden die 1., 16., 17. und SS-LAH, von Süden die 3., 11., 13., 14. und 24. Panzerdivision) gelang es, unter vielen Mühen bei strengem Winter mit den übrigen Kräften der 1. Pz.-Armee (nördlich) und der 8. Armee (südlich) den weiteren Vorstoß des Feindes aufzuhalten und schließlich Mitte Februar im Gegenangriff so nah an den Einschließungsring heranzukommen, daß der Ausbruch am 16. 2. möglich wurde. Hierbei gab es jedoch große Verluste. Von den eingeschlossenen rd. 50 000 Mann gelang es nur 20 000 die deutschen Linien zu erreichen. Das Material ging völlig verloren. Von den vielen Tragödien auf den Schlachtfeldern Rußlands war diese eine der furchtbarsten.

Tscherkassy

The constant hold-out orders of Hitler led to the encirclement and then unsuccessful outbreak of the Tscherkassy pocket.

Two Russian spearheads, one from Kiew in the direction of Winniza and Uman, the other from Krementschug passing Kirowograd in the direction of Perwomeisk, penetrated the German lines and enveloped two German corps (XII and XXXXII) west of Tscherkassy by the end of January. Armored divisions, along with elements of the 1st Panzer Army (north) and the 8th Army (south) rapidly moved up, and under severe winter conditions, succeeded in halting the enemy thrust. Finally, in the middle of February, the Germans were able to approach the pocket and execute an outbreak (16 February). However, the operation caused very heavy losses. Only 20,000 of the 50,000 German men were able to reach the German lines. All war materiel was lost. Of the many tragedies on Russian battlefields, this was one of the bloodiest.

Auch während der Winterperiode 1943/44 setzt die Rote Armee ihre Offensive besonders im Südabschnitt fort und gibt den angeschlagenen deutschen Verbänden keine Gelegenheit, sich zu reorganisieren. Mitte Januar ist der Dnjepr bereits bis auf das Mündungsgebiet und einen kleinen Frontvorsprung bei Tscherkassy überschritten. Die winterlichen Dörfer und Ortschaften des Dnjepr (oben) sind Ausgangspunkte massiver gegnerischer Panzerangriffe. Die Initiative ist eindeutig an die sowjetischen Waffen übergegangen. Die deutschen Kräfte des Jahres 1944 sind zu schwach, um den gegnerischen Maßnahmen offensiv zu begegnen. In dieser Phase des Krieges gewinnen auf deutscher Seite Defensivwaffen an besonderer Bedeutung.

Nächste Seite:

Zur besseren Schwerpunktbildung wird die Artillerie beweglicher gemacht. Dazu werden schon 1943 Kanonen und Haubitzen auf Panzerfahrgestelle gesetzt und erhalten die Bezeichnung „Geschütze auf Selbstfahrlafetten". Die schwerste Selbstfahrlafette dieser Art ist die „Hummel" mit der 15 cm SFH 18 (schwere Feldhaubitze) auf dem Fahrgestell des Panzer IV mit einem Gesamtgewicht von 24,6 t. Der kastenförmige Aufbau ist oben offen und bietet mit seinen 10 mm starken Panzerplatten nur Schutz gegen die Wirkung von Splittern und Infanteriewaffen.

Das Sturmgeschütz Stu G III mit der 7,5 cm L/48 ist schon seit 1942 das Rückgrat der deutschen Panzerabwehr, gehört aber trotzdem immer noch zur Waffengattung (und damit Inspektion) der Artillerie. Die Waffenwirkung des Stu G III ist bis zum Auftauchen des sowjetischen „Stalin" ausreichend gegen alle gegnerischen Panzertypen.

During the winter of 1943/44, the Red Army continues its offensive in the south. Starting from the villages and small towns of the Dniepr (above) they launch massed tank attacks. It is obvious that the Soviet forces have taken up the initiative. By the middle of January, the enemy has crossed the Dniepr. Only at Tscherkassy the Germans can hold a small salient. The German defensive weapons become more and more important during this phase of continuous enemy offensive action.

Even in 1943, the German artillery was equipped with guns and howitzers mounted on panzer chassis, which are called self-propelled guns. The heaviest self-propelled gun is the 150 mm SFH 18 "Hummel" on the Panzer IV chassis with a total weight of 24.6 tons. Its 10 mm armoring protects against fragmentation and infantry weapons.

Since 1942, the 75 mm L/48 Stu G III assault gun has been the most important antitank weapon, although it belongs to the artillery units. The Stu G III proved effective against all enemy tanks until the Soviet "Stalin" appears.

(On the next page)

Die Erfolge der deutschen Sturmgeschütze, die auch wirkungsvoll als Kampfpanzer eingesetzt werden, führen zu einem weltweiten Streit der Panzerfachleute, der heute noch nicht entschieden ist: Sollen Kampfpanzer als Turm- oder Kasemattpanzer konzipiert werden?

The successful German assault guns, also were very effective as combat panzers. This causes a worldwide conflict over the question of whether combat tanks should be constructed with or without turrets.

Zur Ausnutzung der Beweglichkeit gehören ausreichende Nachrichtenverbindungen. Daher werden den Batterien der Selbstfahrlafetten Funkpanzer zugeteilt. Zu diesem Zweck wird wie hier der Panzer II mit den notwendigen Funkmitteln ausgerüstet.

To maintain an effective mobility, a sufficient radio service is required. Therefore, self-propelled gun batteries often have radio equipped panzers attached to these units (here: Panzer II with radio equipment).

Im Kessel von Tscherkassy sind kaum schwere Panzerabwehrwaffen vorhanden. Deshalb ist die Infanterie auf ihre Panzernahverteidigungsmittel zur Abwehr der gegnerischen Panzerangriffe angewiesen. Das primitivste Verteidigungsmittel ist die Flammhandgranate, eine verbesserte Form des Molotow-Cocktails, deren Brandmasse sich beim Aufschlag auf das Ziel entzündet (rechts).

In the Tscherkassy pocket there are very few heavy antitank guns. Therefore, the infantry has to rely on its own antitank defences to stop the enemy tank attacks.

The most primitive weapon to be used in this defence is the fire grenade, an improved Molotov Cocktail. Its incendiary composition ignites upon impact with the target.

Die Panzerfaust, ein Massenprodukt, ist der erste Versuch auf deutscher Seite, den Infanteristen eine Reichweitenwaffe zu geben. Obwohl die Wirkung und die Reichweite von 25 bis 30 m nicht befriedigen, werden doch viele gegnerische Panzer mit dieser Waffe außer Gefecht gesetzt.

With the mass production of the Panzerfaust (antitank grenade launcher) the Germans for the first time attempt to equip the infantry with an antitank weapon with a good range capability. Although the range (25 to 30 meters) and effectiveness of this weapon do not prove satisfactory many enemy tanks are knocked out with it.

Die beste deutsche Infanterie-Panzerabwehrwaffe ist seit Mitte 1943 der Panzerschreck, eine der amerikanischen Bazooka ähnliche Waffe, mit der ein 3,3 kg schweres Geschoß bis 150 m gezielt verschossen werden kann.

Die 3 kg Hohlhaftladung ist eine echte Panzernahkampfwaffe, die direkt an die Panzerplatten angebracht werden muß und dort mit Hilfe der hier erkennbaren Permanentmagnete festgehalten wird. Der Zugzünder, der durch Abreißen des sichtbaren Knopfes in Funktion gesetzt wird, bringt die Ladung nach 4 bis 7 Sekunden zur Detonation.

Die Wirkung aller genannten Nahkampfmittel, bis auf die Flammhandgranate, beruht auf dem Hohlladungsprinzip, d. h. die Ladung wird von hinten gezündet, die entstehende Detonationswelle pflanzt sich nach vorn fort, wobei die sich verflüssigende Metalleinlage des Hohlzylinders mit Explosionsprodukten zu einem Strahl verformt. Dieser Strahl trifft mit einer Geschwindigkeit von 6000 bis 8000 m/sec auf das Ziel. Aufgrund seiner hohen kinetischen Energie durchstanzt er harte Ziele wie Panzerplatten und Betonwände.

Since June of 1943, the best German infantry antitank gun is the Panzerschreck. With this weapon, similiar to the American Bazooka, a soldier can fire a 3,300 gram grenade up to a range of 150 metres.

The magnetic antitank round is a true antitank close defense weapon. It sticks to the armor plating by means of permament magnets (photo). The system has a delay mechanism; after activation of the button (photo) the igniter ignites the shape charge after a four to seven seconds delay.

Apart from the fire grenade, the warhead of all the above mentioned antitank close defense weapons is based on the shape charge principle: The charge is ignited in the rear. The detonating wave propagates to the front. The liquifying metal core of the hollow cylinder together with detonation products for a beam. This beam hits its target with a velocity of 6000 to 8000 metres per second. Due to this high kinetic energy, it is able to pierce armorplates and concrete walls.

Neun sowjetische Armeen schließen am 28. Januar sechs deutsche Divisionen und eine Korps-Abteilung um Korsum im sogenannten Kessel von Tscherkassy ein. In Unkenntnis der Lage werden von russischer Seite mehr deutsche Kräfte im Kessel vermutet, als tatsächlich vorhanden sind.

Die deutsche Heeresführung stellt sofort Kräfte zum Entsatz bereit, die in Eilmärschen herangeführt werden.

On 28 January in the so-called pocket of Tscherkassy around Korsum, nine Soviet armies encircle six German divisions and one corps. The Russians believe they have surrounded more forces than actually there. The German command quickly orders other forces to support the enclosed troops.

Eine plötzliche kurze Tauwetterperiode macht die Straßen grundlos und läßt selbst Kettenfahrzeuge versinken, die nach starken Nachtfrösten dann einzeln aus dem Boden herausgetaut werden müssen. Dieser Wetterumschwung gibt den Russen Gelegenheit, sich zur Abwehr des Entsatz- und Ausbruchsversuches einzurichten.

A sudden thaw bogs down track vehicles. During the night the temperatures drops and the vehicles become frozen in the ground. The next day they must be thawed out of the frozen ground. This sudden weather change enables the Russian to reinforce their defense against the German attempt to break through the encircling forces.

Trotz starken gegnerischen Druckes gelingt es nicht, den Zusammenhang des Kessels auseinanderzureißen. Der Kessel kann sogar aus seiner ursprünglichen Süd-Ost/Nord-West-Richtung um 180° gedreht und so der deutschen HKL näher gebracht werden. Aus dieser neuen Stellung wandert der Kessel dann weiter auf die deutschen Linien zu.

Dieses schwierige taktische Manöver erfordert ständige und minutiös abgestimmte Umgruppierungen, um keine Lücke entstehen zu lassen.

Um dem Gegner keine Möglichkeit zur Einsicht in den Kessel zu geben, werden größere Truppenverschiebungen teilweise in der Nacht durchgeführt (oben). Die wenigen im Kessel vorhandenen Panzer und Sturmgeschütze werden dabei oft zum Mannschaftstransport herangezogen (Mitte). Zu den Ausbruchsvorbereitungen gehört auch die Schaffung von Minengassen (unten), die von beiden Seiten verlegt worden waren.

In spite of the heavy pressure applied by the Russians, they cannot defeat the pocket. The Germans even succeed in turning the pocket from its original direction into a direction closer to the front line. From this new position, the pocket slowly advances foward to the German lines.

This difficult tactical operation requires perfectly timed manoeuvres to insure that not even the smallest gap is created.

Major regroupings are performed during the night (above) in an effort to conceal the German plans from the enemy.

The few panzers and assault guns are often used for the transport of men (centre). Among the preparations for the attack is the clearing of mine-fields (below). These mines had been planted by both sides.

In der Zwischenzeit versuchen die von Westen und Süden herangeführten deutschen Kräfte, den Kessel von außen her aufzubrechen. Am Westrand des Kessels gelingt es schließlich vier Panzer-Divisionen und dem schweren Panzerregiment Bäke, auf engstem Raum sich bis 3000 m an die Eingeschlossenen heranzukämpfen. Das letzte Hindernis auf dem Weg in den Kessel, die Höhe 239 kann jedoch nicht genommen werden. Der Gegner hat sich auf dieser natürlichen Riegelstellung eingegraben und wehrt sogar in Gegenstößen alle Angriffe ab. Angreifer und Verteidiger verzeichnen hohe Verluste (oben).

Trotz dieser unbereinigten Lage wird am 16. Februar der Befehl zum Ausbruch erteilt, wobei die Führung der eingeschlossenen Korps über die wahre Situation im Unklaren gelassen wird.

Meanwhile German forces have moved up from the west and the south. They try to break off the pocket from the outside. Finally, in the western sector of the pocket, four panzer divisions and the heavy Bäke Panzer Regiment succeed in approaching the encircled troops. They are able to come within 3000 metres of the encircled troops. The last obstacle before the pocket is hill 239, which cannot be seized. There, the enemy has dug in and successfully repels all German attacks. Attackers and defenders suffer heavy losses (above).

On 16 February, in spite of this dangerous situation, orders for the attack are given which conceal the true situation of Hill 239 to the commanders of the encircled corps.

Über die Ereignisse des Kessels von Tscherkassy, besonders von den Ausbruchsgefechten, gibt es auf deutscher Seite fast kein Fotomaterial, das über das Ende von 30 000 deutschen Soldaten berichten könnte.
Im Vertrauen auf nur noch schwachen gegnerischen Widerstand an der Stelle, wo die Vereinigung mit der 1. Panzer-Division stattfinden soll, beginnt in der Nacht vom 16. zum 17. Februar der Marsch aus dem Kessel.
Zuerst war es so, wie das obere Foto zeigt: In geordneten Reihen und im Schutz der wenigen noch verbliebenen Sturmgeschütze und Panzer nähern sich die Infanteristen den gegnerischen Linien. Die ersten Sicherungen werden überrannt, der Gegner geworfen. In der Annahme, daß dies die letzten feindlichen Abwehrstellungen waren, werfen die meisten Soldaten, um schneller die letzten 2000 m zu der Aufnahmestellung überwinden zu können, ihre Waffen fort . . .
. . . und laufen direkt in das flankierende Feuer von Höhe 239. Diese letzte Ausbruchsphase gehört zu den blutigsten Ereignissen des ganzen Krieges. Russische Panzer fahren dann in die dichten Marschkolonnen oder bauen sich vor ihnen auf und eröffnen mit Kanonen und Maschinengewehren das Feuer auf die wehrlosen deutschen Soldaten. Panikstimmung greift um sich und verhindert die weitere planmäßige Ausbruchsoperation. Das ist das Ende für die meisten deutschen Soldaten im Kessel von Tscherkassy, deren verzweifelte Ausbruchsversuche auch von den gegnerischen Angreifern viele Opfer verlangen (rechts).

There are no photos of the battle during the break out of Tscherkassy which in the end cost the lives of 30,000 German soldiers.
During the night of 16 February, relying on weak enemy resistance in the area of the 1st Panzer Division, the march out of the pocket began. At first, the infantry marched in columns under the protection of the few remaining assault guns. Slowly, they approached the enemy, surprising its advanced elements and destroying them. Now the German soldiers believed that the last enemy positions had been passed. They dropped their weapons in order to be able to move more quickly toward their own lines. The last 2000 meters are before them when . . .
. . . the German soldiers run directly into the flanking enemy fire from Hill 239. This last phase of the attack is the bloodiest battle of the whole war. Russians tanks overrun the German columns and open fire on the unarmed soldiers with machine guns and individual weapons. Panic arises and prevents any further action of the planned attack This is the end for most of the German soldiers in the Tscherkassy pocket. Their desperate attempt to break off the pocket resulted in heavy losses, not only to the Germans, but also to the Russians (on the right).

Der Kessel von Kamenez-Podolsk

Die im Februar bei Tscherkassy ausgefallenen deutschen Verbände fielen für den weiteren Abwehrkampf im Süden der Ostfront aus und führten u. a. dazu, daß es dem Russen bereits im März gelang, fast die ganze 1. Pz.-Armee um Kamenez-Podolsk einzuschließen.

Außerstande, den Anschluß an die nach Süden und Westen ausweichenden Nachbararmeen zu halten, stand Mitte März die 1. Pz.-Armee mit ihrer Mitte noch am Bug westlich Winniza und hatte im Rücken den 200 Meter breiten Dnjestr ohne Brücken. Am 18. 3. war die Einschließung vollständig. Ihre Divisionen zeigten sich, bedingt durch die vorangegangenen harten Kämpfe, nur noch als schwache Kampfgruppen, selbst zur Abwehr kaum geeignet. Trotz zahlreicher gepanzerter Verbände (s. Gliederung und Skizze) verfügte sie zu diesem Zeitpunkt nur noch über 32 einsatzbereite Panzer.

Am 24. 3. befahl die Heeresgruppe den Ausbruch nach Westen. Hierzu wurden zuvor auf dem Luftwege größere Mengen Munition und Betriebstoff eingeflogen – auf dem Rückflug 2500 Verwundete mitgenommen. Alle nicht lebensnotwendigen Fahrzeuge wurden zerstört, auch Artillerie, für die nicht genügend Munition vorhanden war. Panzer und Panzerabwehr wurden eng mit der Infanterie gekoppelt und durch räumlich engen Angriff Überlegenheit auf kleinem Raum gewonnen.

Am 28. 3. traten die eingeschlossenen Kräfte an. Die Entfernung zu den nächsten deutschen Truppen außerhalb des Kessels betrug 100 km. Schwer kämpften sich die Angriffsgruppen in Richtung Westen voran. Der Gegner versuchte mit schnell herbeigeführten Kräften den Ausbruch zu verhindern. Erst als am 5. 4. endlich auch von Westen Kräfte zur Verfügung standen (II. SS-Pz.Korps) und den Ausbrechenden entgegenstießen, kam es am Nachmittag des 6. 4. zum Aufschlagen des Kessels. Bereits am 12. 4. standen die Verbände der 1. Pz.Armee hinter der Strypa wieder in einer festen Front der Heeresgruppe.

Die menschlichen Verluste hatten sich in Grenzen gehalten, die materiellen waren jedoch wieder sehr hoch.

The Pocket of Kamenez-Podolsk

As a result of the heavy German losses the fighting at Tscherkassy, the Russians succeeded in enclosing most of the 1st Panzer Army around Kamenez–Podolsk.

In the middle of March, the 1st Panzer Army, unable to stay in close contact with its retreating neighbour units, was left standing alone west of Winniza. To the rear of this force was the 200 meter wide Dniestr River. There were no bridges. On 18 March, the Russian encirclement of this unit was completed. Due to the previous hard fighting, the German divisions were exhausted and hardly able to put up any defence. In spite of its numerous armored units (sketch!), the 1st Panzer Army did not have at its disposal any more than thirty-two combat-ready panzers.

On 24 March, the Army Group ordered an attack to the west. For this operation, the Luftwaffe provided the enclosed troops with ammunition and gasoline. On its way back, it evacuated 2,500 wounded soldiers. All unneeded vehicles and artillery guns without enough ammunition were destroyed. Panzers and antitank guns were massed with the infantry so that their attack in a small limited area would provide them with their maximum capability.

On 28 March, the attack began. The distance to the German lines outside the pocket was 100 kilometers. Heavy fighting accompanied the German break; rapidly concentrated enemy forces attempted to prevent it. Then on 5 April, German forces advanced from the west to support the enclosed troops. On 6 April, they succeeded in breaking through the encircling Russian forces. On 12 April, the units of the 1st Panzer Army were back behind the lines of the Army Group.

The losses of life had been relatively low, however the loss of material was very high.

KRÄFTEGLIEDERUNG DER 1. Pz.-ARMEE am 10.3.1944

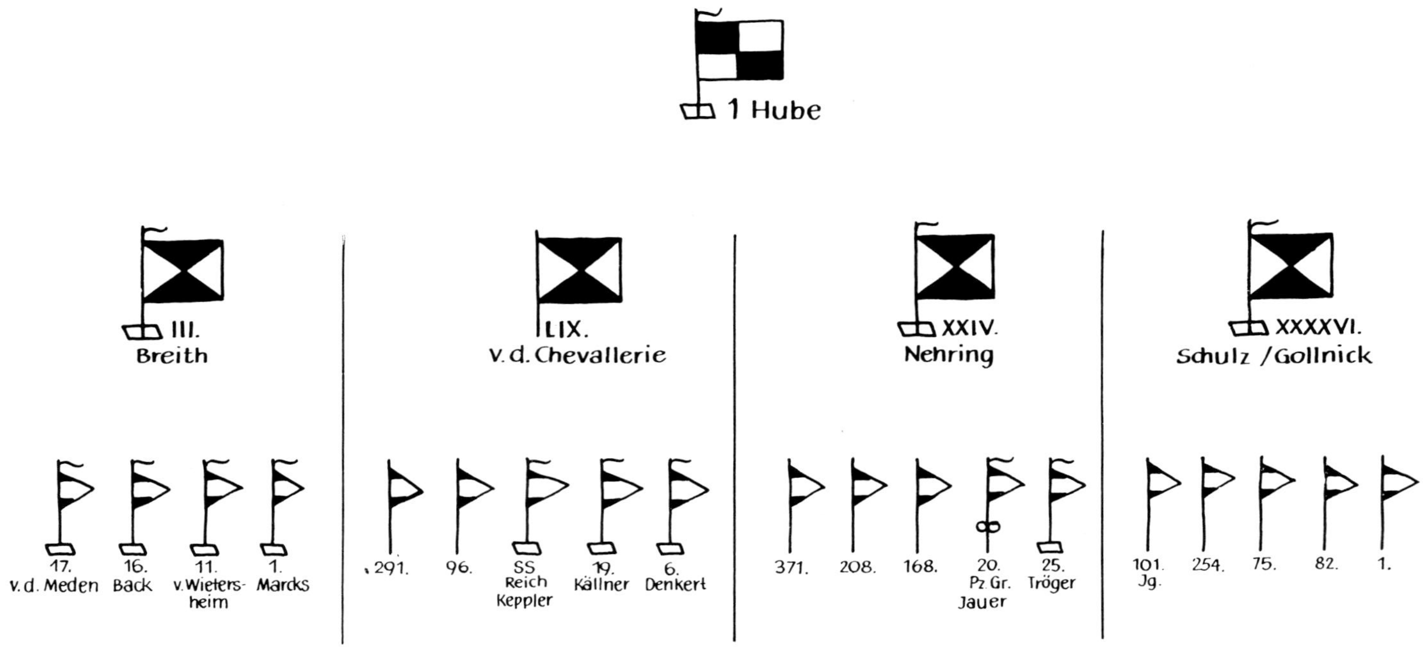

Lage der H.Gr. Nordukraine am 23. März 1944

Skizze 13

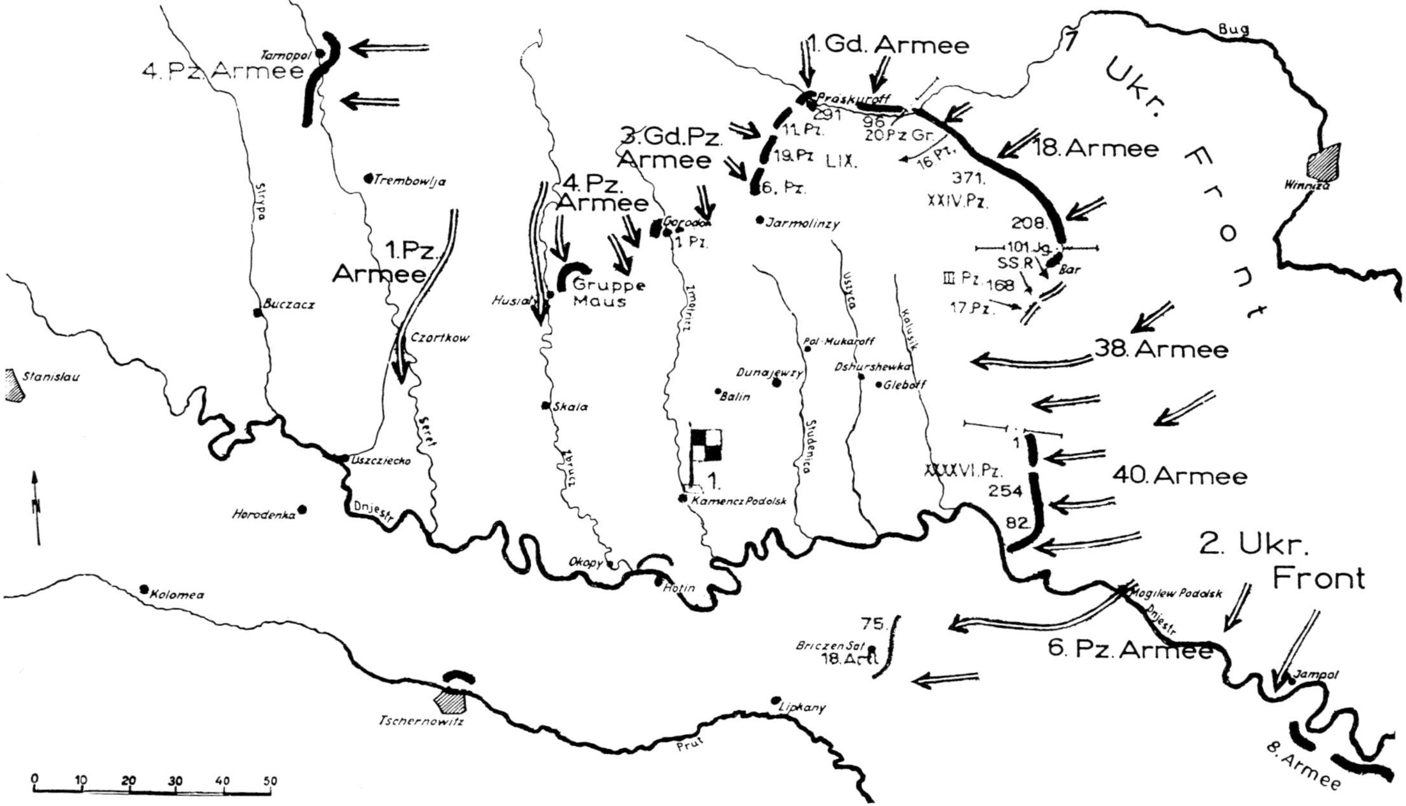

Im April 1944 führt der einarmige Generaloberst Hube (mit Brille), Oberfehlshaber der 1. Panzerarmee, ein Armee- und drei Pz-Corps mit 200 000 Mann aus dem Kessel von Kamenez-Podolsk. Verantwortlich für die Planung des hervorragend durchgeführten Unternehmens ist Generalfeldmarschall von Manstein.

Dem Unternehmen liegt der Gedanke zugrunde, nicht dort durchzubrechen, wo sich die Zange um den Kessel schließen würde, sondern entgegen allen taktischen Grundsätzen, mitten durch die Front der 1. Ukrainischen Armee. Allerdings wird die Voraussetzung für das erfolgreiche Durchbruchsunternehmen erst durch den erstklassigen Funkhördienst ermöglicht, der den sowjetischen Funkkode knackt und über alle gegnerischen Maßnahmen orientiert ist.

Die Funker leisten Schwerarbeit. Wie hier stehen sie selbst während der kurzen Mahlzeiten auf Empfang. Der andere Funker nutzt zwischenzeitlich die Ablösung für einen kurzen Erschöpfungsschlaf.

In April 1944, General Hube (photo: with glasses), the one-armed commander of the 1st Panzer Army, leads one Army Corps and three Panzer Corps totalling 200,000 men out of the pocket of Kamenez-Podolsk. German radio operators decoding the Russian messages concerning enemy movements were largely responsible for the success of the operation.

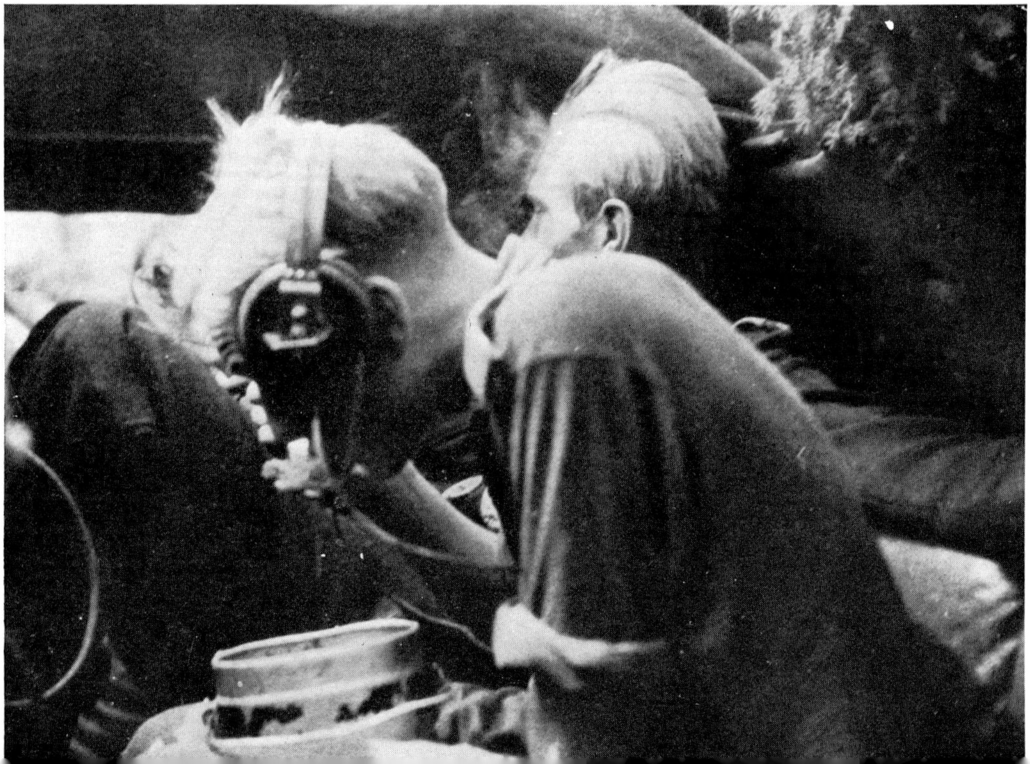

Am 29. März beginnt der Ausbruch der 19 Divisionen. Trotz der fortgeschrittenen Jahreszeit herrschen im Bereich der Heeresgruppe Süd noch winterliche Temperaturen mit Schneestürmen, nur von kurzen Tauwetterperioden unterbrochen. Um den Kettenfahrzeugen mehr Bewegungsfreiheit und Unabhängigkeit zu geben, werden alle Troßfahrzeuge zerstört zurückgelassen, und die Soldaten der Infanteriedivisionen den Panzerdivisionen eingegliedert.

In kleinen Gruppen tauchen die Männer aus dem nebligen Dunst des frühen Morgens auf, um sich an einem vereinbarten Ort mit den Panzern zu treffen, unter deren Schutz der Einschließungsring durchbrochen werden soll.

On 29 March, with winter temperatures and heavy blizzards, the attack of the nineteen divisions begins. The operation planned by General von Manstein, intends a break through at the front occupied of the 1st Ucrainian Army. For an increase in mobility and flexibility, all supply trucks are destroyed and left behind. Moreover, the infantry is tightly massed with the panzer divisions. The fog of the early morning envelopes the men as they meet at their assembly points. From here, along with the protection of the panzers, the break will begin.

Das dunstige Wetter und die gleichmäßig verdreckte Uniformierung lassen zwischen den einzelnen Soldaten keine äußerlichen Unterschiede erkennbar werden. Sie unterscheiden sich lediglich in der Bewaffnung. Der vordere Infanterist (linke Seite) hält eine Leuchtpistole, um falls erforderlich, die Freundkennung zu markieren. Alle Grenadiere sind noch mit dem Karabiner 98 K ausgerüstet. Bis jetzt verfügen nur wenige bevorzugte Einheiten über die neuen automatischen Handfeuerwaffen. Trotzdem hat sich die Feuerkraft dieser Infanteriegruppe gegenüber dem Jahr 1941 durch die Einführung der Panzerfaust und des MG 42 wesentlich erhöht.

The soldiers in their winter uniforms only differ from one another by their individual weapons. The infantryman in the front (left page) holds a flare pistol for eventual identification of friend or foe. All armored infantrymen are still equipped with the carbine 98 K. Only a few previleged units have the new automatic weapons. In comparison with 1941, the fire power of this infantry group has greatly improved due to the Panzerfaust and the machine gun 42.

Die militärische Kleidungs- und Ausrüstungsordnung hat bei den Frontsoldaten in Rußland zu Beginn des sechsten Kriegsjahres keine allgemeine Gültigkeit mehr. Die scheinbare äußere Nachlässigkeit kann aber nicht darüber hinwegtäuschen, daß der deutsche Soldat noch mit unerschütterter Moral und verbissener Härte kämpft. Die Kamperfahrung steigert seine Fähigkeit zur Improvisation.

Durch Improvisation versucht die Truppe schon seit Jahren den Kampfwert ihrer Waffen zu steigern. Hier hat die Panzerbesatzung die Stärke der Bugpanzerung ihres Fahrzeugs durch die Anbringung von Kettengliedern erhöht.

During this sixth year of the war, the seemingly careless outward appearance of the soldiers hides imperturbable morale which enables him to fight on with doggedness. His experience increases his ability to improvise: Here, a panzer crew has reinforced the armor with track shoes.

Für den Ausbruch dürfen nur Waffen und Munition mitgeführt werden. Die Panzerfaust und der Karabiner sind geschultert, im Koppel steckt eine Stielhandgranate, Magazintaschen hängen am Tornistertragriemen und die Taschen der Kampfanzüge sind von ein paar Habseligkeiten und zusätzlicher Munition ausgebeult. Die Gesichter der Grenadiere sind von der Anspannung des kommenden Unternehmens und von Entbehrungen gekennzeichnet.

During the attack, the soldiers are allowed to carry only their weapons and ammunition. The Panzerfaust and carbine are shouldered, a stick grenade is fixed to the belt, magazine bags are clipped to the field pack and the uniform pockets are filled with a few belongings and additional ammunition. The faces of the armored infantrymen are marked by the tension over the imminent operation.

Die Grenadierzüge versammeln sich bei den ihnen zugewiesenen Panzern. Die nicht motorisierten Infanteristen erhöhen ihre Geschwindigkeit dadurch, daß sie teilweise aufgesessen fahren. Auf dem Panzerheck werden noch zusätzliche Infanteriewaffen und Munition verstaut, dann klettern die Panzerbesatzungen in ihre Kampf- und Schützenpanzer.

The armored platoons assemble by their panzers. The unmotorized infantrymen usually will advance mounted on panzers. The rear of the panzers is loaded with additional infantry weapons and ammunition. Then, the panzer crews mount their vehicles and get ready.

Deutschland verfügt im Jahr 1944 über viele neuen Panzertypen. Die Königstiger, Jagdpanther und Jagdtiger gehören zu den kampfstärksten Kampfpanzern und Panzerjägern des ganzen Zweiten Weltkrieges. Der Jagdtiger (Jagd-Pz. VI) ist gegenüber den gegnerischen Heereswaffen der Jahre 1944 und 45 praktisch unverwundbar, wobei dieses Fahrzeug mit der 128 mm Pak 44 L/55 auf 1000 Meter noch 200 mm Panzerung durchschlägt. Der Jagdtiger ist mit einer Frontpanzerung von maximal 150 mm und einer Seitenpanzerung von maximal 80 mm ausgerüstet. Trotz seines hohen Gewichtes von 71 Tonnen verleiht ihm der 650 PS starke Motor eine Geländegeschwindigkeit von 35 km/h. Aber diese schon übersteigerten Formen der Panzerkonstruktion können wegen ihrer begrenzten Anzahl nur sporadisch eingesetzt werden. Das Standardfahrzeug der deutschen Panzerwaffe im Jahr 1944 ist immer noch der Panzer IV, der allerdings durch Modifizierungen den taktischen Erfordernissen ständig angepaßt wird. Am Panzer 1251 erkennt man an Turm und Wanne die Anbringung von Panzerschürzen. Dieser zusätzliche aber provisorische Schutz soll die Wirkung panzerbrechender Munition schon vor dem Aufprall auf die eigentlichen Panzerplatten herabsetzen. Der erkennbare Zementanstrich soll das Anbringen von Haftsprengladungen verhindern.

Der leichte Schützenpanzer (SPW) (oben) wird bei den Großverbänden der Panzer- und Panzergrenadiere nach wie vor als Befehlsfahrzeug verwendet.

Diese Fahrzeuge sind für den Ausbruch aus dem Kessel jetzt besonders wichtig, denn nur die Funker mit ihren Geräten sind in der Lage, die Verbindung nach außerhalb des Kessels aufzunehmen, da die Armee von allen anderen Nachrichtenverbindungen abgeschnitten ist.

Die Männer des Panzers 1251 haben sich bereits in ihrem Fahrzeug eingerichtet: Der Richtschütze hat die beschlagene Optik abgewischt, der Ladeschütze hat sich die ersten Granaten zurechtgelegt, der Funker hat das Funkgerät abgestimmt und lädt anschließend das Bug-Maschinengewehr durch, der Fahrer hat den Motor gestartet und der Kommandant hat bereits letzte Anweisungen über den Bordfunk gegeben. Er meldet die Bereitschaft von Panzer 1251. In den Bereitstellungsräumen der Panzerarmee Hube dröhnen die Panzermotoren und lassen den gefrorenen Boden vibrieren. Der entscheidende Angriffsbefehl wird gegeben: „Marsch!"

In 1944, the German Army introduces many new types of panzers: The Königstiger, Jagdpanther and Jagdtiger are some of the most effective ones. Still in 1944 the standard vehicle of the German armored forces is the Panzer IV, continuously adapted to the new tactical requirements. The light armored utility vehicle (SPW) is usually used as a command vehicle. These vehicles with their radio equipment, are very important during the attack for they are responsible for communications with the lines outside of the pocket.

The crew of Panzer 1251 (note the additional cement armor plates for protection against magnetic shape charges) starts its engine and waits for the signal to begin tha attack: „March"!

125

Hundert ungewisse Kilometer durch russische Linien mit vielen zu überquerenden Flüssen liegen vor den Panzern mit ihren Besatzungen. Der Schwung des Angriffs wirft die Verteidiger aus ihren Stellungen . . .

The panzer crews are facing 100 dangerous kilometers through the Russian lines and over many rivers. The force of the German attack drives the defenders from their positions . . .

. . . und läßt jeden Gegenangriff scheitern. Unaufhaltsam rollen die deutschen Panzer durch die feindlichen Linien. Die aufsitzenden Grenadiere krallen sich an die Panzerplatten der Sturmgeschütze und Panzer und ducken sich vor dem schneidenden Fahrtwind.
Das Unternehmen gelingt! Am 6. April reichen sich die Spitzen der 1. und 4. Panzerarmee die Hand. Die letzte, größere zusammenhängende Operation der deutschen Panzerwaffe, allerdings schon mit defensivem Charakter, hat damit ihr Ende gefunden.

Umseitig: Die deutsche Panzerwaffe ist mit Masse bereits 1944 ausgeblutet. Das deutsche Volk und seine Wirtschaft kann die personellen und materiellen Verluste nicht mehr ausgleichen. In den letzten 1½ Kriegsjahren vernichtet der deutsche Soldat zwar mehr gegnerische Panzer als in den Jahren davor, aber sehr viele nicht mehr vom Panzer sondern vom Schützenloch aus.
Das letzte Bild erzählt die Geschichte von einer übermächtigen alliierten Kriegswirtschaft. 30 000 Panzer produziert die sowjetische Industrie jetzt pro Jahr zusätzlich zu den Hilfslieferungen seiner westlichen Verbündeten, die von 1943 an insgesamt 13 000 Panzer ausliefern, was allein der deutschen Jahresproduktion von 1943 an mittleren und schweren Kampfpanzern entspricht.
Und es erzählt die Geschichte vom deutschen Einzelkämpfer, der sich diesem Ansturm aus seinem Erdloch entgegenstellt.
Hier war noch einmal ein auf kürzestem Raum angesetzter sowjetischer Panzerangriff abgeschlagen worden. Zwei britische „Valentine“ aus Lieferungen der Pacht- und Leihverträge und ein T-34 wurden dabei vernichtet.

. . . and prevents any attempt for a counterattack. The German panzers continue to overrun the Russian lines. The mounted infantrymen cling to the armor plates of the assault guns and panzers, avoiding possible hits.
The operation is successful! On 6 April, when the 1st and 4th Panzer Armies meet, the final large-scale operation of the German Panzer Force, although defensive, has been completed.

On the next page:
By 1944, the German Panzer Force is exhausted. The losses of personnel and material cannot be compensated any more.
The last picture tells the story of an overpowering Allied war industry. The Soviets now produce 30,000 tanks per year. Also since 1943, they received 13,000 tanks from the Allies (13,000 tanks is the total German production of 1943). This picture also tells of the German individual soldier who sustains this massive assault from his foxhole.
Here, a Soviet tank attack had been repelled. Two British "Valentines" (from the lend-lease supply system) and one T-34 tank had been destroyed.

Verbandsübersicht

An Großverbänden wurden die weiter unten genannten von 1941 bis 1944 dauernd oder zeitlich begrenzt im Osten eingesetzt. Es werden hier jedoch nur die Verbände aufgeführt, die einen Aufstellungsgrad erreichten, der ihnen das Recht gab, sich wirklich Division oder Brigade zu nennen, die zu mehreren Einsätzen gelangten und keine Improvisationen waren. Da Nummern und Bezeichnungen – insbesondere der Regimenter und Abteilungen – im Verlauf des Krieges vereinzelt wechselten, ist das Jahr 1943 bei all denen als Stichjahr genommen worden, die bis zu diesem Jahr aufgestellt wurden. Aufstellungen der Jahre 1942–44 sind jeweils bezeichnet worden, alle anderen wurden bereits vor 1942 aufgestellt.

Divisionszeichen, fälschlich auch „Taktische Zeichen" genannt, gab es erst ab 1940. Anfänglich auf Panzerdivisionen beschränkt, erhielt ab 1941 jede Division ein Zeichen. Sie waren bei den Inf.-Div. (einschl. mot) in weißer, bei den Pz.-Div. in gelber und bei den Geb.-Div. in grüner Farbe ausgeführt. Ihre Aufgabe war es, an Fahrzeugen sofort erkenntlich zu machen, welcher Division sie angehörten. In der Folge wuchsen sie über ihre ursprüngliche Bedeutung hinaus und wurden gleichsam zu einem Symbol des Verbandes. Die Zeichen der ersten 18 Panzerdivisionen erfolgten durch den Befehl des OKH nach einem System ohne jede Beziehung zu Traditionen oder Wünschen der Truppe. Erst von der 19. Pz.-Div. ab wurden Vorschläge berücksichtigt und die Zeichen – wie bei allen anderen Div.-Typen – sprechender.

Die Zeichen standen direkt auf dem dunkelgrauen Anstrich der Fahrzeuge; beim dunkelgelben Anstrich setzten viele Divisionen jedoch ihre Zeichen auf schwarzen rechteckigen oder schildförmigen Grund. Aus Tarnungsgründen gab es auch – meist nur vorübergehend – andere Divisionszeichen. So trug z. B. die 6. Pz.-Div. bei ihrer Verlegung im Herbst 1941 aus dem Raum Leningrad zur „Heeresgruppe Mitte" statt der beiden Malzeichen vorübergehend ein gelbes Hackebeil.

Panzerdivisionen

1. Panzerdivision
Wehrkreis IX Kassel
Pz.-Grenadierregiment 1, 113
Panzerregiment 1
Pz.-Artillerieregiment 73
Pz.-Aufkl.Abt. 1

2. Panzerdivision
Wehrkreis XVII Wien
Pz.-Grenadierregiment 2, 304
Panzerregiment 3
Pz.-Artillerieregiment 74
Pz.-Aufkl.Btl. 2

3. Panzerdivision
Wehrkreis III Berlin
Pz.-Grenadierregiment 3, 394
Panzerregiment 6
Pz.-Artillerieregiment 75
Pz.-Aufkl.Abt. 3

4. Panzerdivision
Wehrkreis XIII Nürnberg
Pz.-Grenadierregiment 12, 33
Panzerregiment 35
Pz.-Artillerieregiment 103
Pz.-Aufkl.Abt. 4

5. Panzerdivision
Wehrkreis VIII Breslau
Pz.-Grenadierregiment 13, 14
Panzerregiment 31
Pz.-Artillerieregiment 116
Pz.-Aufkl.Abt. 5

6. Panzerdivision
Wehrkreis VI Münster
Pz.-Grenadierregiment 4, 114
Panzerregiment 11
Pz.-Artillerieregiment 76
Pz.-Aufkl.Abt. 6

7. Panzerdivision
Wehrkreis IX Kassel
Pz.Grenadierregiment 6, 7
Panzerregiment 25
Pz.-Artillerieregiment 78
Pz.-Aufkl.Abt. 7

8. Panzerdivision
Wehrkreis III Berlin
Pz.-Grenadierregiment 8, 28
Panzerregiment 10
Pz.-Artillerieregiment 80
Pz.-Aufkl.Abt. 8

9. Panzerdivision
Wehrkreis XVII Wien
Pz.-Grenadierregiment 10, 11
Panzerregiment 33
Pz.-Artillerieregiment 102
Pz.-Aufkl.-Abt. 9

10. Panzerdivision
Wehrkreis V Stuttgart
Pz.-Grenadierregiment 69, 86
Panzerregiment 7
Pz.-Artillerieregiment 90
Pz.-Aufkl.Abt. 10

11. Panzerdivision
Wehrkreis VIII Breslau
Pz.-Grenadierregiment 110, 111
Panzerregiment 15
Pz.-Artillerieregiment 119
Pz.-Aufkl.Abt. 11

12. Panzerdivision
Wehrkreis II Stettin
Pz.-Grenadierregiment 5, 25
Panzerregiment 29
Pz.-Artillerieregiment 2
Pz.-Aufkl.Abt. 12

13. Panzerdivision
Wehrkreis XI Hannover
Pz.-Grenadierregiment 66, 93
Panzerregiment 4
Pz.-Artillerieregiment 13
Pz.-Aufkl.Abt. 13

14. Panzerdivision
Wehrkreis IV Dresden
Pz.-Grenadierregiment 103, 108
Panzerregiment 36
Pz.-Artillerieregiment 4
Pz.-Aufkl.Abt. 14

16. Panzerdivision
Wehrkreis VI Münster
Pz.-Grenadierregiment 64, 79
Panzerregiment 2
Pz.-Artillerieregiment 16
Pz.-Aufkl.Abt. 16

17. Panzerdivision
Wehrkreis VII München
Pz.-Grenadierregiment 40, 63
Panzerregiment 39
Pz.-Artillerieregiment 27
Pz.-Aufkl.Abt. 17

18. Panzerdivision
Wehrkreis IV Dresden
Pz.-Grenadierregiment 52, 101
Panzerregiment 18
Pz.-Artillerieregiment 88
Pz.-Aufkl.Abt. 18

19. Panzerdivision
Wehrkreis XI Hannover
Pz.-Grenadierregiment 73, 74
Panzerregiment 27
Pz.-Artillerieregiment 19
Pz.-Aufkl.Abt. 19

20. Panzerdivision
Wehrkr. IX Kassel XI Hann.
Pz.-Grenadierregiment 59, 112
Panzerregiment 21
Pz.-Artillerieregiment 92
Pz.-Aufkl.Abt. 20

22. Panzerdivision
(1943 aufgelöst)
Wehrkreis XII Wiesbaden
Pz.-Grenadierregiment 129, 140
Panzerregiment 204
Pz.-Artillerieregiment 140
Pz.-Aufkl.Abt. 140

23. Panzerdivision
Wehrkreis V Stuttgart
Pz.-Grenadierregiment 126, 128
Panzerregiment 23
Pz.-Artillerieregiment 128
Pz.-Aufkl.Abt. 23

24. Panzerdivision (ab 1942)
Wehrkreis I Königsberg
Pz.-Grenadierregiment 21, 26
Panzerregiment 24
Pz.-Artillerieregiment 89
Pz.-Aufkl.Abt. 24

25. Panzerdivision (ab 1942)
Wehrkreis VI Münster
Pz.-Grenadierregiment 146, 147
Panzerregiment 9
Pz.-Artillerieregiment 91
Pz.-Aufkl.Abt. 25

26. Panzerdivision
Wehrkreis III Berlin
Pz.-Grenadierregiment 9, 67
Panzerregiment 26
Pz.-Artillerieregiment 93
Pz.-Aufkl.Abt. 26

116. Panzerdivision (ab 1944)
Wehrkreis VI Münster
Pz.-Grenadierregiment 60, 156
Panzerregiment 16
Pz.-Artillerieregiment 146
Pz.-Aufkl.Abt. 116

Panzer-Lehr-Division
Pz.-Grenadierregiment 901, 902
Panzerregiment
Pz.-Artillerieregiment
Pz.-Aufkl.Abt. 130

Panzergrenadierdivisionen und Inf.-Div. (mot.)

3. Panzergrenadierdivision
Wehrkreis III Berlin
Pz.-Grenadierregiment 8, 28
Panzerabteilung 103
Artillerieregiment 3
Pz.-Aufkl.Abt. 103

10. Panzergrenadierdivision
Wehrkreis XIII Nürnberg
Pz.-Grenadierregiment 20, 41
Panzerabteilung 7
Artillerieregiment 10
Pz.-Aufkl.Abt. 110

14. Infanterie-Division (mot)
Gren.-Regimenter 11, 53
Pz.-Aufkl.Abt. 114

16. Panzergrenadierdivision
Wehrkreis VI Münster
Pz.-Grenadierregiment 60, 156
Panzerabteilung 116
Artillerieregiment 146
Pz.-Aufkl.Abt. 116

18. Panzergrenadierdivision
Wehrkreis VIII Breslau
Pz.-Grenadierregiment
(mot.) 30, 51
Panzerabteilung 118
Artillerieregiment 18
Pz.-Aufkl.Abt. 118

20. Panzergrenadierdivision
Wehrkreis X Hamburg
Pz.-Grenadierregiment 76, 90
Panzerabteilung 8
Artillerieregiment 20
Pz.-Aufkl.Abt. 120

Panzergrenadierdivision
Feldherrnhalle
(ab 1943 aus 60. Inf.Div. (mot.)
Wehrkreis XX Danzig
Pz.-Grenadierregiment FHH
Pz.-Füselierregiment FHH
Panzerabteilung FHH
Artillerieregiment FHH
Pz.-Aufkl.Abt. FHH

22. Infanterie-Division (mot)
Grenadierregimenter 16, 65
Aufkl.Abt. 122

25. Panzergrenadierdivision
Wehrkreis V Stuttgart
Pz.-Grenadierregiment 35, 119
Panzerabteilung 5
Artillerieregiment 25
Pz.-Aufkl.Abt. 125

29. Panzergrenadierdivision
Wehrkreis IX Kassel
Pz.-Grenadierregiment 15, 71
Panzerabteilung 129
Artillerieregiment 29
Pz.-Aufkl.Abt. 129

36. Infanterie-Division (mot)
Grenadierregiment 87, 118
Pz.-Aufkl.Abt. 136

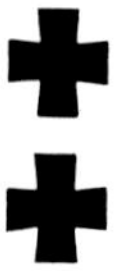

60. Infanterie-Division (mot)
Wehrkreis XX Danzig
Grenadierregiment (mot.) 92, 120
Panzerabteilung 160
Artillerieregiment 160
Pz.-Aufkl.Abt. 160

Panzergrenadierdivision
Großdeutschland (ab 1942)
Wehrkreis III Berlin
Pz.-Grenadierregiment GD
Pz.-Füselierregiment GD
Panzerregiment GD
Artillerieregiment GD
Pz.-Aufkl.Abt. GD

Divisionen der Waffen-SS

(Alle genannten SS-Panzerdivisionen waren anfänglich SS-Inf.-Div. (mot.) bzw. SS-Pz.-Grenadier-Div.)

1. SS-Panzerdivision
Leibstandarte Adolf Hitler
SS-Pz.-Grenadierregiment 1 u. 2
SS-Panzerregiment 1
SS-Pz.-Artillerieregiment 1

2. SS-Panzerdivision
Das Reich
SS-Pz.-Grenadierregiment 3 u. 4
SS-Panzerregiment 2
SS-Pz.-Artillerieregiment 2

3. SS-Panzerdivision
Totenkopf
SS-Pz.-Grenadierregiment 5 u. 6
SS-Panzerregiment 3
SS-Pz.-Artillerieregiment 3

4. SS-Polizei (ab 1942)
Panzergrenadierdivision
Pol.-Pz.-Grenadierregiment 7 u. 8
SS-Panzerabteilung 4
SS-Pz.-Artillerieregiment 4

5. SS-Panzerdivision
Wiking
SS-Pz.-Grenadierregiment 9 u. 10
SS-Panzerregiment 5
SS-Pz.-Artillerieregiment 5

9. SS-Panzerdivision (ab 1943)
Hohenstaufen
SS-Pz.-Grenadierregiment 19 u. 20
SS-Panzerregiment 9
SS-Pz.-Artillerieregiment 9

10. SS-Panzerdivision (ab 1943)
Frundsberg
SS-Pz.-Grenadierregiment 21 u. 22
SS-Panzerregiment 10
SS-Pz.-Artillerieregiment 10

11. SS-Panzergrenadierdiv. (ab 1943)
Nordland
SS-Pz.-Grenadierregiment 23 u. 24
SS-Panzerabteilung 11
SS-Pz.-Artillerieregiment 11

Panzergrenadierbrigaden

Im Sommer 1944 wurde die Aufstellung von 13 Panzerbrigaden (101–113) befohlen. Zum selbständigen Einsatz gelangten nur wenige, die meisten wurden noch vor Vollendung der Aufstellung zur Auffrischung angeschlagener Panzerdivisionen verwandt. Ihre Gliederungen waren dadurch unterschiedlich, daß sie zum Teil über mehr als nur ein Pz.Gren.Btl. verfügten. Es ist daher auch die Bezeichnung Panzergrenadierbrigaden zu finden. Amtlich verliehene Brigadezeichen hatten sie nicht.

An der Ostfront kamen von ihnen zum Einsatz: 102, 106, 107, 111, 112, 113.

Nachwort

Die deutschen gepanzerten Truppen hatten ihre größten Erfolge, als der Gegner noch mit der Masse seiner Verbände nicht motorisiert und ungepanzert war. Dies traf im allgemeinen für die Jahre 1939–1941 zu. Als der Feind damit begann, ebenfalls mechanisierte Truppen aufzustellen, blieb die deutsche Überlegenheit nur noch so lange bestehen, bis auf der anderen Seite auch der Ausbildungs- und Erfahrungsrückstand aufgeholt war (etwa 1942/43). Ab 1944 siegte wieder – wie früher – die größere Zahl.

Neben diesem weiten Blick gab es den Wettlauf zwischen Panzerung und Panzerabwehr. Die Überlegenheit einer Seite brachte zumeist nach 1–2 Jahren den Ausgleich. Z. Z. scheint die Abwehr eine Überlegenheit zu zeigen und bewegen die Planer weniger wichtige Fragen wie:

Turmpanzer oder Kasemattenlösung (z. B. Kanonenjagdpanzer)
Soll der Schützenpanzer nur ein Transport- oder Kampffahrzeug sein?
Sollen Transport-Kfz überhaupt gepanzert werden?
Ist die Panzerabwehrrakete unter kriegsmäßigem Einsatz wirklich eine brauchbare Waffe?
Bei Kampffahrzeugen Rad oder Kette?

Eines ist sicher: Gepanzerte Truppen wird es weiterhin geben. Sie zeigen immer noch den größten Schutz gegen kleinere Kaliber, Splitter, A- und C-Waffen. Ob sie im europäischen Raum noch weiträumige, operative Erfolge erbringen würden, wenn alles motorisiert und gepanzert – auch der Gegner – ist, bleibt zweifelhaft. Nicht zweifelhaft ist dagegen, daß eine ungepanzerte Armee in diesem Bereich stets von vornherein die unterlegene sein würde. Darüber hinaus wird die Kostenfrage (Entwicklung – Fertigung) von entscheidendem Einfluß sein und vermehrt zu Kompromißlösungen zwingen.

Eine Wiederholung der Blitzkriege von 1939–1942 wird es in diesem Raum nicht mehr geben. Es sei denn, eine völlig neue Waffe mit revolutionären Einsatzerfolgen würde für eine Weile wieder der sie besitzenden Seite die Überlegenheit sichern. So, wie sie die Deutschen mit ihrer auf gepanzerte Truppen ausgerichteten Ausrüstung, Organisation und Führung zu Beginn des 2. Weltkrieges hatten.